교회는 항상 승리해야 한다

교회는 항상 승리해야 한다

· 초판 1쇄 발행 2014년 12월 15일

· 지은이 박동찬
· 펴낸이 민상기 · 편집장 이숙희 · 펴낸곳 도서출판 드림북
· 등록번호 제 65 호 · 등록일자 2002. 11. 25.
· 경기도 의정부시 가능1동 639-2(1층) · Tel (02)2272-9090, Fax(031)829-7723

· 책번호 73
· 잘못된 책은 교환해 드립니다.
· 이 출판물은 저작권법에 의해 보호를 받는 저작물이므로 무단 복제할 수 없습니다.
· 독자의 의견을 기다립니다.
· E-mail : saehan21@hanmail.net

교회는
항상 승리해야 한다

박동찬 지음

만약 교회에서 말하는 '승리가 세상에서의 '성공'을 의미하는 것이라면, 복음 중 거하다가 핍박받고 순교당한 예수님의 제자들은 다 저주받은 사람들이 되고 맙니다. 그리고 성경 말씀 중, 그리스도와 함께 고난을 받아야 한다(롬8:17)는 사도바울의 가르침은 잘못된 가르침처럼 들리기도 하는 것입니다. 교회에서 말하는 승리란 선한 싸움에서의 승리를 말합니다. 세상 욕심과의 싸움에서 이기는 것을 말하고, 죄와 싸워 이기는 것을 말합니다. 즉, 세상의 많은 유혹이 몰려 올 때에 그 유혹에 넘어지지 않고 하나님의 말씀을 굳게 붙들는 것이 승리입니다. 길이를 측정하는 '자'는 항상 일정해야 합니다. 때에 따라 그것이 길어지기도 하고 짧아지기도 한다면 정확한 길이를 측정할 수 없습니다. 예수님의 말씀은 우리 삶에 있어서 '자'가 되어야 합니다. 세상의 어떤 규칙이나 가치가 우리 삶을 측량하는 '자'가 되어서는 안 됩니다. '자'가 '자'의 역할을 하지 못하면 버림받게 됩니다. 요즘 한국교회가 '자'의 역할, '빛'의 역할, '소금'의 역할을 다 하지 못하니, 세상으로부터 비난의 소리를 듣는 것입니다. 요즘 한국 사회는 교회성장 이후(Post Church-Growth)의 시기를 보내고 있다고 말을 합니다. 실제로 한국교회의 교세는 많이 감소된 것이 사실입니다. 한국 사회가 점점 서구화 되어가다 보니 사회현상도 탈기독교적인 성향을 보이게 되었습니다. 어떤 이야기하면 화를 내고 반대를 하는 분위기가 되었습니다.

기독교는 '승리의 종교'입니다. 예수님께서 십자가 위에서 모든 죄와 사망 그리고 흑암의 권세를 깨뜨리시고 승리하셨기 때문입니다. 그래서 교회는 승리에 대한 이야기를 많이 할 수 밖에 없습니다. 그러나 교회에서 말하는 '승리'는 세상에서의 '성공'과 다른 의미를 가진 말입니다. 가끔 승리를 성공과 혼동하는 경우가 종종 있습니다. 그러나 보니 예수님을 믿으면 세상에서 성공하고 축복받는다는 이야기를 하기도 합니다. 물론 하나님은 자녀 된 우리가 비참하게 사는 것을 원치 않으십니다. 그러기에 우리가 기도하면

드림북

오늘의 내가 있기까지 나를 가르치시고 훈련시키시고
길을 이끌어 주신 목사님, 나의 큰 영적 스승이신
김선도 감독님께 이 책을 바칩니다.

CONTENTS

프롤로그

하나님은 살아계십니다

현대인들에게 '승리'라는 말은 누구도 거부할 수 없을 만큼 매력적인 말입니다. 특히 요즘처럼 생존경쟁이 치열한 시대에는 '승리'가 전부인 것처럼 생각하고 사는 사람들이 많이 있습니다. 학교 공부에서도 뒤처지면 안 되고, 직장에서도 승진에 뒤떨어지면 안 됩니다. 왜 그래야 하는지 이유도 모른 채, 무조건 이겨야 하고 무조건 남들보다 잘 살아야 한다고 생각합니다. 그래서 요즘 젊은이들 가운데 '루저'(loser)라는 말보다 더 심한 욕이 없습니다. '패배자'라는 뜻입니다.

기독교는 '승리의 종교'입니다. 예수님께서 십자가 위에서 모든 죄와 사망 그리고 흑암의 권세를 깨뜨리시고 승리하셨기 때문입니다. 그래서 교회는 승리에 대한 이야기를 많이 할 수 밖에 없습니다. 그러나 교회에서 말하는 '승리'는 세상에서의 '성공'과 다른 의미를 가진 말입니다. 가끔 승리를 성공과 혼동하는 경우가 종종 있습니다. 그러다 보니 예수님을 믿으면 세상에서 성공하고 축복받는다는 이야기를 하기도 합니다. 물론 하나님은 자녀 된 우리가 비참하게 사는 것을 원치 않으십니다. 그러기에 우리가 기도하면 하나님은 우리에게 필요한 것을 공급해 주십니다. 그러나 주님 안에서 승리한다는 개념이, 항상 세상에서의 성공이나 남들보다 부족함이 없는 것으로 귀결된다면 그것은 잘못된 복음입니다.

만약 교회에서 말하는 '승리'가 세상에서의 '성공'을 의미하는 것이라면, 복음 증거하다가 핍박받고 순교당한 예수님의 제자들은 다 저주받은 사람들이 되고 맙니다. 그리고 성경 말씀 중, 그리스도와 함께 고난을 받아야 한다(롬8:17)는 사도바울의 가르침은 잘못된 가르침처럼 들리기도 합니다.

교회에서 말하는 승리란 선한 싸움에서의 승리를 말합니다. 세상 욕심과의 싸움에서 이기는 것을 말하고, 죄와 싸워 이기는 것을 말합니다. 즉, 세상의 많은 유혹이 몰려 올 때에 그 유혹에 넘어지지 않고 하나님의 말씀을 굳게 붙잡는 것이 승리입니다.

길이를 측정하는 '자'는 항상 일정해야 합니다. 때에 따라 그것이 길어지기도 하고 짧아지기도 한다면 정확한 길이를 측정할 수 없습니다. 예수님의 말씀은 우리 삶에 있어서 '자'가 되어야 합니다. 세상의 어떤 규칙이나 가치가 우리 삶을 측량하는 '자'가 되어서는 안 됩니다. '자'가 '자'의 역할을 하지 못하면 버림받게 됩니다. 요즘 한국교회가 '자'의 역할, '빛'의 역할, '소금'의 역할을 다 하지 못하니, 세상으로부터 비난의 소리를 듣는 것입니다.

요즘 한국 사회는 교회성장 이후(Post Church-Growth)의 시기를 보내고 있다고 말을 합니다. 실제로 한국교회의 교세는 많이 감소된 것이 사실입니다. 한국사회가 점점 서구화 되어가다 보니 사회현상도 탈기독교적인 성향을 보이게 되었습니다. 그리고 교회가 교회로서의 사명을 잘 감당하지 못하다 보니, 이제 한국 사회는 탈기독교를 넘어서 반기독교적인 성향을 보이게 된 것입니다. 세상은 더 이상 교회의 이야기에 귀를 기울이지 않게 되었을 뿐 아니라 이제는 교회가 어떤 이야기하면 화를 내고 반대를 하는 분위기가 되었습니다.

그러다보니 교회는 세상 앞에서 상대적으로 더욱 위축되어 가고 있습니다. 세상 속에서 제 역할을 다하지 못하고 있습니다. 성도님들도 교회 밖에서 자신 있게 전도를 하지 못합니다. 전도했다가 받게 될 비난이 두렵기 때문입니다.

이런 현상에 주목하다보니 '어쩌다 한국 교회가 이런 신세가 되었을까?'라는 생각을 하게 되었습니다. 한국 교회는 초창기 복음이 전해지던 시절부터 늘 한국 사회에 등불과 같이 길을 비춰 주는 사명을 다해 왔습니다. 그 당시 많은 지도자들, 선각자들이 한국교회로부터 배출되었습니다. 거의 모든 지도자들이 기독교인이었습니다. 그러나 요즘은 그렇지 못합니다. 이 사실이 우리의 마음을 무겁게 합니다.

이 시점에서 우리는 앞으로 다가올 미래를 생각해 봐야 합니다. '우리의 미래는 과연 어떨까? 그리고 그 미래를 우리는 어떻게 준비해야 할 것인가?' 한국교회는 이 문제를 심도 있게 생각해야 할 시점에 서 있습니다.

저는 미래학자나 사회학자가 아닙니다. 그래서 앞으로 우리 사회에 어떤 변화가 일어날지 예측하지 못합니다. 그리고 그것을 잘 납득할 수 있도록 논리적으로 설명할 능력도 없는 사람입니다. 그러나 한 가지 분명히 아는 것이 있습니다. 그것은 우리의 미래가 어떻게 되든 바른 변화를 이끌어내기 원한다면, 그 출발은 교회의 회복에서부터 시작되어야 한다는 점입니다. 교회는 복음의 본질을 회복해야 하고, 그 본질 속에 있는 능력을 회복해야 합니다. 거기서부터 하나님은 놀라운 일을 행하시기 때문입니다.

이 책은 이십여 년 간 목회하면서 경험한 것들을 모은 저의 간증입니다. 목회를 하면 할수록 성경 말씀은 진리임을 확인하게 됩니다. 그리고 성경의 말씀처럼, 하나님은 지금도 살아 역사하시는 하나님이심을 수 없이 많이 경험하였습니다. 절대적으로 부족한 사람임에도 하나님의 은혜가 임하니 수없이 많은 치유와 회복이 일어나는 것을 보았습니다. 교회가 연합하니 놀라운 기적이 일어나는 것도 경험했습니다. 이런 경험은 나의 믿음을 더욱 견고하게 만들어 주었고, '교회는 항상 승리할 수밖에 없다'는 결론에 이르게 해 주었습니다. 이 결론이 오늘 저로 하여금 '교회는 항상 승리해야 한다'는 제목의 책을 집필하게 만들었습니다. 이 책 속에 기록된 많은 간증 이야기가 모든 교회의 고백이 되길 소망하면서, 살아계신 하나님께 모든 감사와 영광을 올려 드립니다.

바람이 많이 부는 일산에서
박동찬

CHAPTER 01
전쟁터의 한 가운데에서

CHPTER 01
전쟁터의 한 가운데에서

많은 분들이 이런 이야기들을 합니다. "목사님, 하루하루 사는 것이 전쟁과도 같습니다." 그렇습니다. 매일매일 밀물이 들어오듯이 여러 가지 일들이 닥쳐옵니다. 하나를 해결하면 또 하나의 문제가 생겨나고, 그 하나를 해결하면 또 다른 하나가 옵니다. 어떤 때에는 내가 감당할 수 없을 정도로 문제가 계속해서 밀려들기도 합니다. 너무 치열하게 그 문제에 맞서다 보니까 전쟁과도 같다는 말을 합니다. 네, 전쟁입니다. 그러나 우리가 생각하는 그런 전쟁이 아니고 또 다른 전쟁, 영적인 전쟁입니다.

이런 이야기를 하면 많은 사람들이 비웃기도 합니다. 그런 존재가 어디에 있느냐는 것입니다. 그러나 우리가 인정하든 안 하든, 또 우리가 그 영적 세계를 알던 모르던, 영적인 존재들은 우리 주변을 맴 돌면서 늘 우리와 우리 가족을 공격 합니다.

우리의 씨름은 혈과 육을 상대하는 것이 아니요 통치자들과 권세들
과 이 어둠의 세상 주관자들과 하늘에 있는 악의 영들을 상대함이라
엡 6:12

영적인 싸움에는 휴전이 없습니다. 우리가 태어나서 죽는 날까
지 계속되는 것이 영적 전쟁입니다. 많은 사람들이 두려워하는 영
적인 존재, 즉 사탄과 그의 졸개인 악한 영들과의 싸움입니다. 영
적인 전쟁은 우리의 생각이나 상식, 논리를 초월해서 일어나기 때
문에 항상 긴장을 하지 않을 수가 없습니다. 또 눈에 보이지 않는
전쟁이기 때문에 더 어려울 수밖에 없는 싸움입니다.

우리가 인생을 살면서 영적 전쟁에 대해 알아야 하고, 깨어 있어
야 하는 이유는, 지는 경우 우리가 생명을 잃을 수도 있기 때문입
니다. 게임을 할 때에는 져도 상관이 없지만, 전쟁에서는 지게 되
면 큰 어려움을 당하게 되고, 최악의 경우 목숨을 잃는 경우도 일
어날 수 있습니다. 어떤 분들은 합리적인 세계관을 가지고 있기 때
문에 이성적이면서 또 논리적으로 설명이 안 되는 것들은 받아들
이려고 하지 않습니다. "보이지도 않는데 그런 것이 어디 있습니
까? 귀신이니 악한 영이니 하는 것은 전설의 고향 같은 데서나 나
오는 말이지, 그런 말도 안 되는 소리 하지 마세요"라며 영적 전쟁
자체를 거부합니다.

그러나 이렇게 사람들이 영적 존재를 무시하는 순간에도 악한 영은 우리를 공격하고, 또 고통의 나락 속으로 밀어 넣고 있다는 사실을 알아야 합니다. 물론 전설의 고향이나, 영화에서 보는 것처럼 악한 영이 소복을 입고 칼을 들고 나타나는 것은 아닙니다. 이런 것들은 사실과 다른 허구입니다. 성경의 가르침과는 많이 다른 이야기이고, 또 사실과 달리 왜곡된 내용일 뿐입니다. 이 세상 문화를 장악하고 있는 공중 권세 잡은 사탄이 이런 잘못된 정보를 통해 사람들을 두려움 속에 몰아넣고, 자신을 계속 숭배하도록 만들기 위한 계략입니다.

이런 사실 앞에서 성도는 두 가지를 알아야 합니다. 하나는 항상 정신을 바짝 차리고 깨어서, 근신하는 마음을 가져야 합니다. 이 문제 앞에서는 누구라도 소홀하거나 게을러서는 안 됩니다. 그 이유는 죽느냐 사느냐의 문제가 결정되기 때문입니다. 그러기에 우리가 알아야 하는 또 다른 하나는 '훈련'을 해야 한다는 것입니다. 훈련은 전쟁을 준비하는 군인들에게 제일 필요한 과정입니다. 마찬가지로 영적 전쟁을 준비하는 우리도 평소에 훈련을 꼭 쌓아 두어야 됩니다. 평소에 훈련을 잘 받아둔 사람은 어떤 공격이 오더라도 능히 이길 수 있기 때문입니다.

게임의 법칙

그리스도인이 영적 전쟁을 치르는데 있어서 가장 중요한 훈련이 있는데 말씀과 기도의 훈련입니다. 싸움이나 전쟁을 치르는데 있어서 제일 중요한 것은 힘, 파워입니다. 전쟁은 항상 힘이 있는 쪽이 이깁니다. 영적 전쟁에 있어서 '승리를 좌우하는 힘'은 우리가 얼마나 주님의 뜻 안에 있느냐, 얼마나 주님과 동행하느냐에 달려 있습니다. 인간의 힘으로는 절대 영적 전쟁에서 승리할 수가 없습니다. 그런 점에서 하나님의 말씀인 성경 말씀을 늘 가까이 하고 또 그 말씀에 근거해서 기도하는 것은 매우 중요한 훈련이 아닐 수 없습니다. 이 사실이 마태복음 4장에 잘 묘사가 되어 있습니다.

시험하는 자가 예수께 나아와서 이르되 네가 만일 하나님의 아들이어든 명하여 이 돌들로 떡덩이가 되게 하라 예수께서 대답하여 이르시되 기록되었으되 사람이 떡으로만 살 것이 아니요 하나님의 입으로부터 나오는 모든 말씀으로 살 것이라 하였느니라 하시니 이에 마귀가 예수를 거룩한 성으로 데려다가 성전 꼭대기에 세우고 이르되 네가 만일 하나님의 아들이어든 뛰어내리라 기록되었으되 그가 너를 위하여 그의 사자들을 명하시리니 그들이 손으로 너를 받들어 발이 돌에 부딪치지 않게 하리로다 하였느니라 예수께서 이르시되 또 기록되었으되 주 너의 하나님을 시험하지 말라 하였느니라 하시니 마귀가 또 그를 데리고 지극히 높은 산으로 가서 천하만국과 그 영광을 보여 이르되 만일 내게 엎드려 경배하면 이 모든 것을 네게 주리라 이에 예수께서 말씀하시되 사탄아 물러가라 기록되었으되 주 너의 하나님께 경배하고 다만 그를 섬기라 하였느니라 이에 마귀는 예수를 떠나고 천사들이 나아와 수종드니라 마4:1~11

사탄의 세 가지 공격에 대해 예수님은 하나님의 말씀으로 승리 하셨습니다. 에베소서 6장에 의하면, 영적 전쟁에서 승리하기 위해 '하나님의 전신갑주'를 입어야 하는데, 거의 모든 것이 다 방어용 무기입니다. 유일한 공격무기로 소개되는 것이 하나 있는데, 그것 이 바로 '하나님의 말씀'입니다. 이 하나님의 말씀을 사도 바울은 '성령의 검'(엡6:17)으로 소개하고 있습니다.

오랜 세월 동안 검술을 연마한 사람은 놀라운 능력을 얻게 됩니 다. 굵은 나무도 단칼에 벱니다. 그런데 이런 능력은 하루아침에 만들어지지 않습니다. 꾸준히 하다 보니 어느 날인가 향상되어 있 는 자신의 모습을 발견하게 되는 것입니다. 마찬가지로 하나님의 말씀을 평소에 많이 묵상하고 암송한 사람들만이 자신들도 모르 는 사이에 영적 능력이 배가되어 있는 자신의 모습을 발견하게 됩 니다.

하나님의 말씀에 대한 훈련과 더불어 영적 군사에게 있어서 필 요한 또 하나의 훈련이 바로 '기도 훈련'입니다. 기도가 중요한 이 유는 기도가 하나님과 늘 동행하는 방법이기 때문이요, 또 하나님의 힘을 의지하며 살겠다는 결단의 표시이기 때문입니다. 사람은 겉으로는 강해보여도 사실은 다 약한 존재들입니다. 하나님의 은혜가 아니고는 한 순간도 살아갈 수 없는 존재가 바로 사람입니다. 연한 질그릇 같아서 떨어지면 깨지는 존재가 우리들입니다. 이 사실을 인정한다면 세상의 그 누구도 하나님을 의지하지 않을 사람은 없습니다.

그러나 그럼에도 불구하고 대부분의 사람들은 하나님을 의지하는 대신 자기 자신을 의지하고, 돈을 의지하고, 힘과 권력을 의지하려고 합니다. 한 치 앞도 내다보지 못하는 존재이기 때문입니다. 하나님이 아무리 말씀으로 가르쳐주시고 보여주셔도 깨닫지 못하고 보지 못하는 어리석은 존재이기 때문입니다.

육신을 입고 이 땅에 오신 예수님은 틈만 나면 제자들에게 기도하는 모습을 보여 주셨습니다. 그것은 기도가 그만큼 중요하다는 것을 제자들에게 가르치기 위함이었습니다. 귀신들린 아들이 있어 도움을 요청한 한 아버지의 이야기(막9장)를 통해서도 예수님은 "오직 기도 외에 다른 것으로는 이런 유가 나갈 수 없다"고 말씀하셨습니다. 예수님도 당신의 사역을 위해서 기도하실 수밖에 없었다면, 오늘 우리가 기도해야 하는 것은 너무나도 자명한 일입니다.

아무리 오래 신앙생활을 했어도, 기도하지 않고 말씀 연구하지 않는 사람은 영적인 능력이 없습니다. 영적 힘이 있을 수가 없습니다. 그래서 오랫동안 교회에 다닌 사람들이라 해도 작은 시험이 오면 한 순간에 넘어지게 됩니다.

보이지 않는다고 안 믿는다는 건

'하나님이 살아 계시다는 것을 믿으십니까?' 라고 질문하면 여러 대답을 듣게 됩니다. "예, 믿습니다"라고 말하시는 분이 있는가 하면 "잘 모르겠어요" 또는 "안 믿습니다"라고 답하는 분들도 있습니다. 그런데 애매모호한 답을 하시는 분도 있습니다. 하나님이 살아 계신 것은 믿는데, 악한 영이 존재한다는 것은 안 믿는다고 말하는 분들입니다. 앞뒤가 맞지 않는 답변입니다.

> 큰 용이 내쫓기니 옛 뱀 곧 마귀라고도 하고 사탄이라고도 하며 온 천하를 꾀는 자라 그가 땅으로 내쫓기니 그의 사자들도 그와 함께 내쫓기니라 계12:9
> 홀연히 수많은 천군이 그 천사들과 함께 하나님을 찬송하여 이르되 지극히 높은 곳에서는 하나님께 영광이요 땅에서는 하나님이 기뻐하신 사람들 중에 평화로다 하니라 눅2:13-14
> 그 때에 귀신 들려 눈 멀고 말 못하는 사람을 데리고 왔거늘 예수께서 고쳐 주시매 그 말 못하는 사람이 말하며 보게 된지라 마12:22

성경에서는 분명히 사탄과 천군과 천사에 대해 이야기 하고 있습니다. 예수님께서도 귀신을 쫓아내고 병자를 고치셨습니다. 성경은 분명히 하늘의 능력을 가지신 예수님과 악한 영의 존재에 대해 설명하고 있습니다. 그런데 사람들은 같은 성경을 보면서도 하나님과 예수님은 인정할 수 있지만, 사탄과 악한 영은 인정할 수 없다는 말을 합니다. 보이지 않기 때문에, 또는 내가 인정하고 싶지 않으니까 인정할 수 없다고 말하는 것은 성경적이지도 않고 논리적이지도 않는 답변입니다. 이런 분들은 교회에서 신앙 생활하는 이유도 불분명합니다. 아무 생각 없이 그냥 누군가의 손에 이끌려 다니는 사람들입니다. 믿음이 무엇인지 전혀 모르는 사람들입니다.

우리가 사는 세상은 두 개의 세상으로 구성되어 있습니다. 첫째는 우리가 눈으로 보고 듣고 만질 수 있는 '자연세계'이고 둘째는 그 자연세계를 에워싸고 있는 '영적인 세계'입니다. 자연세계에는 자연세계만의 독특한 법칙과 질서가 있습니다. 하나님이 창조하신 법과 질서지요. 봄, 여름, 가을, 겨울과 같은 사계절이 있고, 모든 것은 높은 곳에서 낮은 곳으로 떨어지는 만유인력의 법칙, 그리고 물은 영하가 되면 얼음이 되는 것과 같은 질서와 법칙이 자연세계에는 존재합니다. 또 자연 세계에는 동물과 식물 그리고 사람이 존재합니다. 하나님이 창조하신 이 세계 속에서 사람들은 자연 세계의 질서와 법칙에 따라 살아가는 것입니다.

마찬가지로 영적인 세계에도 질서가 있고, 법칙이 있고, 또 그곳에 사는 존재들이 있습니다. 즉 영적인 법칙과 영적인 존재가 바로 그것입니다. 그런데 이 두 세계의 관계에 있어서 중요한 원리가 하나 있는데 그것은 영적인 세계가 자연 세계를 지배한다는 것입니다. 그리고 자연 세계는 끊임없이 영적인 세계의 영향을 받고 있다는 사실입니다. 사람들은 살면서 어떤 어려운 일을 당하게 될 때 그 원인을 찾지 못하는 경우가 다반사입니다. 그저 운이나 팔자소관이라고 생각하는 사람들이 많습니다. 그러나 그 대부분의 원인이 바로 영적 세계에 있다는 것을 성경은 우리에게 가르쳐 주고 있습니다. 멀쩡하던 아들이 갑자기 정신분열 증세를 보이면서 물과 불에 뛰어 듭니다. 사람들은 그런 증세를 가진 사람을 고치지 못합니다. 그럴 때에 예수님은 그 아들을 공격하고 있는 악한 영을 꾸짖어 내 쫓았고, 이내 그 아들은 온전하게 되었습니다.(막9장) 이 아들이 아팠던 이유는 바로 영적인 세계로 부터의 공격이 있었기 때문이었습니다.

목회를 하다 보니 죽을병에 걸렸다고 사형 선고를 받은 분들 중에 기도하다가 놀랍게 회복되고 다시 사는 경우들을 종종 경험할 수 있었습니다. 중환자실에 실려 가서 이제나 저제나 죽을 날을 기다리던 사람이 갑자기 깨어나고 회복되니 병원에서는 도대체 무슨 일인지 알지 못해 어리둥절할 때가 있습니다. 아무리 연구를 해도 답을 얻지 못합니다. 그러나 우리 믿는 사람들은 그 사람에게 무슨 일이 있어났는지를 분명히 압니다. 바로 영적세계의 원리, 즉 하나님이 도우시면 죽은 자가 다시 살아난다는 믿음의 법칙입니다.

이 영적 세계의 원리를 알고 세상을 사는 사람과 모르고 사는 사람은 큰 차이가 있습니다. 아는 사람에게는 큰 유익이 있지만, 이 영적 원리를 모르는 사람은 늘 어려움과 고통 속에 살아갈 수밖에 없습니다. 이 사실을 알고 나니, 인생을 살아가는데 있어서 정작 중요한 것은 착하게 사는 것 보다 영적인 원리를 따라 사는 것임을 깨닫게 됩니다.

물론 착하게 사는 것은 매우 중요한 일입니다. 그러나 착하게 산다고 해서 어려움 없이 순탄하게 인생을 잘 살 수 있는 것은 아닙니다. 악한 영들은 착한 사람과 나쁜 사람을 가리지 않고 공격하기 때문입니다. 어린 아이든지 병든 노인이든지 불쌍히 여기는 마음이 없습니다. 닥치는 대로 가리지 않고 공격하는 무자비한 존재가 바로 사탄과 악한 영입니다.

이런 공격을 이기기 위해서는 예수님을 믿고 하나님의 자녀가 되는 길 외에는 없습니다. 보이는 것이 전부가 아닙니다. 오히려 보이지 않는 세계가 더 큰 세계요, 더 실체인 것을 알아야 합니다.

> 우리가 주목하는 것은 보이는 것이 아니요 보이지 않는 것이니 보이는 것은 잠깐이요 보이지 않는 것은 영원함이라 고후4:18

믿음은 바라는 것들의 실상이요 보이지 않는 것들의 증거니 히11:1

보이는 것은 잠깐이요 보이지 않는 것은 영원하고, 믿음은 바라는 것들의 실상이요 보이지 않는 것들의 증거라는 믿음을 가져야 합니다. 그럴 때 영적인 세계에서부터 만들어지는 그 은혜와 능력을 사용할 수 있게 됩니다. 우리는 자연세계에 살지만 동시에 보이지 않는 영적 세계에 속해 있으며, 보이지 않는 세계의 영적인 질서와 법칙에 따라 사는 자들이 바로 우리 그리스도인입니다.

끊을 수 없는 사랑

악한 영은 우리가 하나님과 좋은 관계를 맺고 평안하게 살도록 내버려 두지 않습니다. 어떻게든 하나님의 사랑에서 끊어지게 하려고 애를 씁니다. 그러나 그것은 불가능합니다. 우리는 하나님의 자녀이기 때문입니다.

내가 확신하노니 사망이나 생명이나 천사들이나 권세자들이나 현재 일이나 장래 일이나 능력이나 높음이나 깊음이나 다른 어떤 피조물이라도 우리를 우리 주 그리스도 예수 안에 있는 하나님의 사랑에서 끊을 수 없으리라 롬8:38-39

감사하게도 하나님의 자녀에게는 하나님의 자녀로서의 특권과 권세가 있습니다. 그러나 안타깝게도 권세의 유익이 무엇인지 또 얼마나 큰지 모르고 살아가는 사람들이 많이 있습니다. 또 그 권세와 특권을 한 번도 사용해 보지 못하고 평생을 사는 사람들도 의외로 많이 있습니다. 이것은 돈 많은 갑부가 그 돈을 한 번도 써보지 못하고 고통 속에 굶어 죽은 것보다 더 안타까운 일이 아닐 수 없습니다. 우리는 믿음으로 하나님의 자녀가 되었고, 자녀의 권세가 우리에게 있다는 사실을 분명히 믿어야 합니다.

때로 성도들 중에는 스스로 하나님의 자녀라는 사실을 인정하지 못하는 사람들도 있고, 그 사실을 의심하는 사람들도 있습니다. 자기처럼 실수가 많고 죄를 많이 짓는 사람이 어떻게 하나님의 자녀가 될 수 있느냐는 것입니다. 일리가 있는 것처럼 들릴지 모르지만 이것은 명명백백 잘못된 생각입니다. 저에게 자녀가 둘이 있는데, 이 중 한 자녀가 세상에서 실수를 많이 했다고 해서 자기 스스로 저의 아들임을 인정하지 않는다면 어떨까요? 부모와 자녀의 관계는 뗄레야 뗄 수 없는 관계입니다. 세상의 그 무엇으로도 그 관계를 끊을 수는 없습니다.

이 이야기가 누가복음 15장에 기록되어 있습니다. 돌아온 탕자의 이야기입니다. 한 부자에게 두 아들이 있었는데, 그중 둘째 아들이 자기 재산을 다 받아 나가서 고생을 하다가, 돈을 다 탕진하고 나니 어렵고 힘든 나날을 보내게 됩니다. 아버지에게 돌아오고 싶지만 면목이 없습니다. 그렇다고 해서 계속 남의 집 종살이를 하면서 어렵게 살아갈 수도 없습니다. 결국 그는 종살이를 하더라도 아버지 집에서 종으로 사는 것이 낫겠다 싶어 집으로 돌아옵니다. 그리고는 아버지 앞에서 회개를 합니다.

> 아들이 이르되 아버지 내가 하늘과 아버지께 죄를 지었사오니 지금부터는 아버지의 아들이라 일컬음을 감당하지 못하겠나이다 하나 아버지는 종들에게 이르되 제일 좋은 옷을 내어다가 입히고 손에 가락지를 끼우고 발에 신을 신기라 그리고 살진 송아지를 끌어다가 잡으라 우리가 먹고 즐기자 이 내 아들은 죽었다가 다시 살아났으며 내가 잃었다가 다시 얻었노라 하니 그들이 즐거워하더라 눅15:21-24

아무리 실수를 많이 하고 못난 짓을 많이 한 아들이라고 해도 아버지는 그 아들을 보면서 너는 내 아들이 아니라고 말하지 않습니다. 본인은 스스로가 아들의 자격이 없다고 생각했어도 아버지의 생각은 달랐습니다.

우리가 세상 살면서 실수 할 수도 있고, 넘어질 수도 있고, 죄로 물들어 있을 때도 있습니다. 그래서 정말 내가 하나님을 아버지라고 부를 자격이 없는 것처럼 생각이 될 때도 있습니다. 그러나 그럼에도 불구하고 우리는 하나님께서 핏 값 주고 산 하나님의 자녀입니다. 악한 마귀 사탄은 우리로 하여금 "너는 하나님의 자녀가 아니야. 하나님은 너를 버렸어. 하나님은 너의 기도를 듣지 않을 거야"라며 정죄할 때가 있습니다. 그러나 성경은 이렇게 말하고 있습니다.

> 영접하는 자 곧 그 이름을 믿는 자들에게는 하나님의 자녀가 되는 권세를 주셨으니 요1:12
> 내가 확신하노니 사망이나 생명이나 천사들이나 권세자들이나 현재 일이나 장래 일이나 능력이나 높음이나 깊음이나 다른 어떤 피조물이라도 우리를 우리 주 그리스도 예수 안에 있는 하나님의 사랑에서 끊을 수 없으리라 롬8:38-39

하나님의 자녀가 된 것은 우리의 의나 공로로 된 것이 아닙니다. 예수님께서 내 죄를 청산하시기 위해 십자가에서 피 흘려 죽으셨다는 사실을 믿는 믿음으로 하나님의 자녀가 됩니다. 동시에 우리를 소종하고 괴롭히던 악한 영은 우리가 예수 그리스도를 믿고 하나님의 자녀가 되는 그 순간부터 우리와는 원수가 됩니다. 우리가 예수님 믿기 전에는 다 죄의 노예였습니다. 멸망의 길로 갈 수 밖에 없는 존재들이었습니다. 그러나 예수님의 은혜를 우리가 믿음으로 받을 때, 우리는 예수님의 피로 거듭나게 되고 하나님의 자녀가 됩니다.

사실 우리는 죄 값으로 인해서 마귀에게 얽매여 있었습니다. 그런데 예수님께서는 우리 대신 당신의 생명을 주심으로 우리의 빚을 다 청산해 주셨습니다. 그래서 우리는 예수님을 구주로 영접한 이후, 사탄을 향해 "이제 너와 나는 상관이 없다"고 선포하며 마귀와의 모든 관계를 끊어버릴 수 있게 된 것입니다. 많은 사람들이 교회에 다닌다고 해서 그것이 별일 아닌 것처럼 생각하는 분들이 있습니다. 잘못된 생각입니다. 아무나 교회 다니는 것 같지만, 그리스도인이 되어 하나님의 성전에서 예배하며 사는 것은 하나님의 큰 은혜요 축복입니다.

> 근신하라 깨어라 너희 대적 마귀가 우는 사자 같이 두루 다니며 삼킬 자를 찾나니 벧전5:8

사탄은 '우는 사자'처럼 두루 다니며 삼킬 자를 찾는다고 성경은 말합니다. '우는 사자'라는 표현은 그 속성이 난폭하고 잔인하다는 것을 보여줍니다. '동물의 왕국'이라는 TV 프로그램을 보면, 사자의 위세가 얼마나 당당한지요. 그런데 그런 사자라 할지라도 배가 고프니까 작은 생쥐도 잡아먹는 것을 보았습니다. 덩치가 커다란 녀석이 얼마나 조심조심 기어가서 생쥐를 낚아채는지 보기에도 부끄러울 지경이었습니다. 그리고는 그 작은 생쥐를 무자비하게 뜯어 먹는 것을 보았습니다. 한편으로는 너무하다는 생각이 들었지만 동시에 사탄이 우리를 공격하는 모습이 바로 저러하겠구나 하는 것을 깨달을 수 있었습니다.

악한 영은 우는 사자처럼 무자비합니다. 믿음이 연약한 자들이

나 어떤 딱한 사정이 있는 사람, 또 아무 것도 모르는 어린 아이라고 해서 봐주지 않습니다. 어떤 방법으로든 우리를 공격해서 다치게 만들고, 넘어지게 만들고, 아프게 만들고, 그래서 우리로 하여금 하나님의 사랑과 선하심을 의심하게 만듭니다. "하나님이 함께 하시는데 왜 우리 집에 이런 일이 일어나야 됩니까?" "그렇게 도와 달라고 기도했는데, 왜 하나님은 일이 이렇게 되도록 가만히 계셨습니까?"하며 낙심하거나, 믿음을 포기하게 만듭니다. 우리로 하여금 하나님을 향한 믿음을 버리게 만드는 것, 이것이 바로 악한 영이 우리를 공격하는 최고의 이유입니다. 하나님을 향한 믿음을 버리게 만들고, 하나님의 품을 떠나게 만들고, 그래서 멸망의 길로 가도록 만드는 것이 바로 사탄의 전략이요 목표입니다. 그렇게 되기까지 사탄은 결코 공격을 멈추지 않습니다. 기회가 되면 또 공격을 합니다. 마치 권투선수가 시합을 할 때와 비슷합니다. 한 대 쳐서 상대방이 비틀비틀 하면, 선수들은 그 때를 기회라고 생각해서 혼신의 힘을 다해 공격합니다. 절대 상대 선수가 회복 될 때까지 기다리지 않습니다. 사탄이 우리를 공격할 때도 그렇게 공격합니다. 때문에 처음 공격을 받았을 때 흔들리기 보다는 더욱 정신을 차리고 근신하여 하나님 앞으로 나가야 합니다.

사탄의 군대와 공격 방법

> 큰 용이 내쫓기니 옛 뱀 곧 마귀라고도 하고 사탄이라고도 하며 온
> 천하를 꾀는 자라 그가 땅으로 내쫓기니 그의 사자들도 그와 함께
> 내쫓기니라 계12:9

'사탄' 하고 '마귀' 는 같은 존재입니다. 요한계시록에 의하면 '큰
용,' 그리고 '옛 뱀' (계12:9)이라고 표현을 합니다. '옛 뱀' 은 그 옛
날 에덴동산에서 하와를 유혹했던 그 뱀을 말합니다. 사탄이 그 뱀
의 모습으로 하와를 유혹했기 때문입니다.

성경에서는 사탄이나 마귀나 옛 뱀, 그리고 용을 설명할 때 모두
단수로 사용되고 있는 것을 볼 수 있는데, 그 이유는 하나 밖에 없
는 존재이기 때문입니다. 즉 사탄과 마귀는 같은 존재입니다. 두
개의 이름을 가진 영적 존재로서 모든 악한 영의 우두머리입니다.
이 사탄은 혼자 활동하지 않고 그 수하의 많은 졸개들을 거느리고
있는데, 이 졸개들을 가리켜 '귀신들' 또는 '악한 영들' 이라고 성
경은 증거하고 있습니다. 모든 악한 영의 우두머리인 사탄이 뱀의
형상으로 아담과 하와를 유혹했고, 욥을 공격했었으며, 또 예수님
을 시험했습니다.

사탄이나 악한 영이 사람을 공격할 때에는 몇 가지 패턴이 있습
니다. 그 하나가 죄를 짓게 만드는 것입니다. 하나님은 거룩하시기

때문에 죄를 범하면 하나님과 자연히 분리가 됩니다. 그래서 사탄은 이 방법을 가장 선호한다고 말할 수 있습니다. 자신의 정체를 드러내지 않고도 얼마든지 성도들을 멸망시킬 수 있고, 더 나아가 하나님과의 관계를 끊어버릴 수 있기 때문입니다.

이런 사실을 알지 못하는 사람들은 돈 때문에 죄를 짓고, 명예나 욕심, 육신의 쾌락 때문에 죄를 범합니다. 때로는 작은 거짓말로 죄를 짓고, 미움, 다툼, 시기, 질투와 같은 것으로도 죄를 짓습니다. 은혜의 자리에 머무르기 보다는 늘 죄의 자리에 머물러 있게 됩니다.

사탄은 워낙 교활해서 교회 안에서도 죄를 짓게 만듭니다. 성도들로 하여금 사랑하기 보다는 시기하고 질투하고, 욕하게 만들어서 관계성을 파괴하고, 이렇게 함으로써 교회를 은혜가 없는 곳으로 전락시켜 버립니다. 그러기에 교회는 늘 악한 영이 틈타지 못하도록 기도해야 합니다.

사탄의 또 다른 공격방법은 우리의 생각을 통해서 공격하는 것입니다. 사람들이나 교회에 대해 부정적인 생각이 들게 만들어서 감정을 상하게 합니다.

> 모든 지킬 만한 것 중에 더욱 네 마음을 지키라 생명의 근원이 이에서 남이라 잠4:23

성경은 다른 것보다 먼저 우리 마음을 지키라고 권면하는데, 성경에서 말하는 '마음' 은 바로 우리의 '생각' 을 뜻하는 단어입니다. 예수님의 제자 중 한 명이었던 가룟 유다는 예수님을 팔았고 배반한 제자입니다. 그런데 가룟 유다로 하여금 그렇게 하도록 만든 존재가 바로 사탄입니다. 성경에 의하면 '마귀가 가룟 유다의 마음에 예수를 팔려는 생각을 넣었다'(요13:2)고 기록하고 있습니다. 가룟 유다는 자신의 마음을 지키지 못했기 때문에 사탄에게 도구로 이용당한 것입니다.

오늘날도 사탄은 동일한 방법으로 우리를 공격합니다. 자기 자신을 비하하는 생각, 남을 미워하고 죽이고 싶은 생각, 또는 자신도 자살하고 싶다는 생각 등 여러 가지 부정적이고 위험한 생각을 우리 마음에 담아서 그 생각의 지배를 받게 만듭니다. 이런 공격을 통해 파괴되고 멸망의 길로 떨어진 사람들이 얼마나 많은지 모릅니다. 다 영적 지식이 부족해서 벌어진 결과입니다.

영적 지식이 부족하면 도대체 나에게 무슨 일이 벌어지고 있는지 몰라 당황하게 됩니다. 모르니 두려운 마음이 드는 것도 당연합니다. 사탄은 이런 두려움의 감정으로 우리를 공격하기도 합니다. '우리 아들이 잘못되면 어떻게 하지?', '잘못해서 우리 사업 망하면 어떻게 하지?' 하는 두려운 마음들을 심어주는 것입니다. 그래서 저는 우리 교인들을 훈련할 때 괴기영화, 특히 여름철에 귀신이 등장하는 납량특집 같은 TV 드라마는 보지 말도록 권면합니다. 영적으로 굉장히 안 좋은 영향을 미치기 때문입니다. 한순간 소리 지르고 흥분하면 신이 나서 좋을 것 같지만, 사실은 그 순간 우리의 영혼이 갈기갈기 찢기고 만신창이가 됩니다. 그런 영화나 드라마는 보는 사람들로 하여금 악한 영의 권세에 매이게 만들기 때문입니다. 가랑비에 옷 젖듯이 이런 안 좋은 영향을 계속 받다 보면 하나님의 도움으로도 안 될 것 같다는 생각을 하게 만듭니다. 하나님을 향한 분명한 믿음이 사라지니 사탄의 유혹을 이길 재간이 없습니다.

이런 사탄의 공격을 이길 수 있는 길은 늘 하나님의 은혜에 감사하는 마음을 가지며 사는 것입니다. 하나님이 늘 나와 함께 하시며, 내 우편에서 그늘이 되어 주신다는 것을 믿어야 합니다. 다윗처럼 항상 하나님을 찬양하는 것은 사탄으로 하여금 나에게 접근도 못하게 만드는 좋은 방법입니다.

또 사탄은 질병과 여러 문제를 통해서도 우리를 공격합니다. 모든 질병이 다 악한 영으로부터 오는 것은 아닙니다. 그러나 때로 질병이 악한 영으로부터 오는 경우도 있습니다. 누가복음 13장에 의하면 오랫동안 병들어 꼬부라진 여인이 있었는데, 그 원인이 귀신들렸기 때문이라고 설명하고 있습니다. 욥이 심한 종기로 괴로워했던 것도 사탄이 쳤기 때문이었습니다.(욥2:7) 이처럼 병의 원인이 때로는 악한 영의 공격으로 말미암은 것들도 있다는 말입니다. 이렇게 귀신으로 인해 병든 경우에는 귀신이 쫓겨 나감과 동시에 치유가 일어납니다.

반면에 내가 생활 관리를 잘못해서 걸리는 질병도 있습니다. 그것은 악한 영과는 전혀 상관없는 질병입니다. 예를 들면, 습관적으로 밤에 라면을 끓여 먹고 잔다든지, 몸에 해로운 것을 먹거나 행함으로 건강을 해치는 경우도 있습니다. 또 선천적인 질병을 가지고 있는 경우도 있습니다. 그러기에 모든 질병이 다 귀신들려서 그렇다는 생각을 갖는 것은 매우 위험한 일입니다. 이런 잘못된 판단은 오히려 좋은 관계성을 깨뜨리는 결과를 낳을 수도 있기에 정죄하는 자세는 피해야 합니다.

이 외에도 사탄은 여러 가지 문제를 통해 쉴 새 없이 우리를 공격합니다. 자녀들이 안 좋은 일에 연루가 되거나, 사업이 꼬이는 일 등 수 없이 많은 일들이 연속적으로 생겨날 때도 있습니다. 어떤 경우에는 문제가 너무 많아서 예배드릴 시간, 기도할 시간도 없다고 말하는 성도님들도 있습니다. 그러나 그런 모든 문제가 해결되려면 바쁘고 분주할수록 기도하고 예배해야 합니다. 예배와 기도가 문제를 해결하는 열쇠이기 때문입니다.

우리가 의지할 것은 성령

자신의 힘으로 영적인 존재를 대적해서 이길 수 있는 사람은 아무도 없습니다. 성령의 도우심을 힘입어야 됩니다. 성령이 주시는 지혜가 필요하고 성령의 은혜가 절대적으로 필요합니다.

한국 성경에는 '성령'을 '보혜사'(요14:26)라고 설명합니다. 너무 좋은 표현입니다. '보혜사'가 무슨 뜻입니까? 우리를 보호하시고, 때를 따라 은혜를 주시며, 우리를 가르치는 분이라는 뜻입니다. 성령님에 대한 아주 정확한 정의입니다. 즉, 성령님은 우리의 보호자가 되셔서 어떤 상황 속에서도 우리를 보호해 주시는 분이시고, 매 순간순간 은혜를 주셔서 고난과 환란을 이기게 하시는 분이시며, 또 지혜가 필요한 때에는 무엇을 해야 될 지를 순간순간 가르쳐 주시는 분입니다. 악한 영들과의 싸움에서도 지금 무엇을 해야 될 지를 정확히 가르쳐 주시는 분이 '보혜사 성령'입니다.

한번은 저희 교회에 다니시는 어떤 성도님 한 분이 악한 영이 들려서 왔습니다. 겁에 질려 제 방에 들어오는데, 얼굴색이 푸른빛을 띠고 있었고, 눈동자는 심하게 흔들리고 있었고, 몸도 오한이 들린 사람처럼 떨고 있었습니다. "귀신이 들린 것 같은데 본인이 알고 있느냐"고 물었더니 "안다"고 대답을 했습니다. "귀신이 쫓겨 나가기를 원하느냐?"고 묻자, "제발 저를 살려 달라"고 요청을 했습니다. 먼저 예수님의 사랑에 대해 설명을 하고 기도하기를 시작했는데, 예수님의 이름을 사용할 때마다 헛구역질을 하기 시작했고, 그때마다 "귀신들이 나가고 있다"고 했습니다.

한참을 기도한 후에 "다 나갔느냐?"고 물으니 아직 대장들이 남아 있다고 했습니다. 잠시 기도를 멈추고 성령님께 지혜를 구했습니다. "그렇게 예수님의 이름으로 기도를 해도 다 안 나가는 이유가 뭔가요?" 그 때 제 마음 속에 '낙태' 라는 단어가 떠올랐습니다.

혹시나 싶어 그 자리에 있던 부목사님과 전도사님 그리고 그 자매의 이모를 나가게 하고, "혹시 낙태를 하신 적이 있나요?"라고 물었습니다. 그러자 고개를 가만히 끄덕이면서 네 번의 낙태를 했다고 고백했습니다. 사랑하는 남자와 결혼을 약속을 하고는 실수로 임신을 하게 되었는데, 결혼이 성사되지 못하게 되니까 낙태를 하게 되었고 같은 실수를 네 번이나 반복했습니다. 답답한 마음이 들었지만 그 자매에게 "어떤 죄든 하나님 앞에 회개하고 그 죄의 길에서 돌아서는 것이 중요하다"고 가르치고는 먼저 낙태에 대한 회개의 기도를 따라 하게 했습니다. 그리고는 대장 귀신들을 쫓기 시작하니 이 자매가 또 다시 심하게 헛구역질을 하기 시작했습니다. "이제 다 나갔느냐?"고 물으니 진짜 대장이 하나 남았다고 했습니다.

또 잠시 기도를 멈추고 성령님을 의지하면서, "이번에는 뭐가 문제인지 깨닫게 해 달라"고 기도했는데, 갑자기 '용서' 라는 단어가 마음에 떠올랐습니다. 그래서 곧바로 그 자매에게 "지금 용서하지 못하는 사람이 있느냐?"고 묻자, 의외로 덤덤하게 눈을 껌뻑이면서 "아무도 없다"는 의외의 답변을 했습니다. "자매에게 그렇게 상처를 준 남자들이 많은데 그들이 밉지 않느냐?"고 다시 물었더니

"그들이 밉지 않다"는 겁니다. "그럼 지금 가장 밉고 용서가 안 되고, 혹시 죽이고 싶은 사람이 있느냐?"고 묻자, 잠시 망설이더니 바로 "자기 자신"이라고 대답을 하는 것이었습니다.

저는 그 자매에게 내 몸도 나의 것이 아니라 예수님이 당신의 피 값을 주고 사신 것이니 '하나님의 것'이라 설명을 하고는 자기를 용서하는 기도를 그 자매와 같이 드렸습니다. 그리고는 마지막으로 대장 귀신을 쫓으려 하는데 그 자매가 저를 올려다보면서 "목사님 이제 다 나갔어요"라고 말을 했습니다. 수도 없이 많았던 귀신들이 다 떠나간 것입니다. 그 다음 주, 예배를 드리기 위해 교회에 온 그 자매를 보니 너무나도 밝은 표정을 하고 있었습니다. 예배 후 지난 한 주간 동안 어땠는지 물었더니, "세상을 사는 것이 이렇게 기쁜 것인 줄 몰랐다"고 말하며 인사를 꾸뻑하고는 활기찬 발걸음으로 계단을 내려갔습니다.

성령님을 의지하는 것이 승리의 비결입니다. 성령님은 우리가 질문할 때 문제가 무엇인지를 정확히 알게 하시는 분입니다. 그러기에 우리는 늘 때를 얻든지 못 얻든지 나와 동행하시는 성령님을 의지하며 살아야 합니다.

경건의 훈련
우리는 세상 교육을 시킬 때 얼마나 철저하게 합니까? 그런 세상

교육에 대한 열정을 매일 한 시간이라도 신앙 교육에 쏟는다면 얼마나 좋을까요?

> 우리가 다 하나님의 아들을 믿는 것과 아는 일에 하나가 되어 온전한 사람을 이루어 그리스도의 장성한 분량이 충만한 데까지 이르리니 엡4:13

우리는 신앙 안에서 영적으로 늘 성장해야 합니다. 성경은 '그리스도의 장성한 분량이 충만한 데까지' 성장해야 한다고 말하고 있습니다. 즉 예수님만큼 되어야 한다는 말입니다. 아마도 많은 분들은 이 말에 대하여 "과연 그것이 가능한 이야기입니까? 어떻게 예수님처럼 된다는 말씀입니까?"라고 반문하실 것입니다. 사실 우리가 예수님만큼 성장한다는 것이 과연 가능한 일일지에 대해서는 누구도 확신 있게 답변할 수 있는 사람은 없을 것입니다. 그런데 중요한 것은 그것이 가능한지 아닌지에 대해서 아는 것보다 그렇게 되기 위해 하루하루 노력하는 것이 더 중요합니다. 성경이 그렇게 증거하고 있으니 그저 그 말씀을 신뢰하고 따르는 것입니다.

예수님은 우리와 똑같은 육신을 입고 이 땅에 오신 하나님이십니다. 그런데 예수님께서 그렇게 하신 이유는 먼저 우리 죄를 대속하시기 위함이기도 하지만, 또 하나의 이유는 우리도 예수님처럼 거룩할 수 있다는 것을 가르치시기 위해서 였습니다. 제자들과 삼년 반 동안 동거 동락하시면서 기도하는 본을 보이셨고, 불의와 타협하지 않고 진리의 길을 가시는 것을 가르치셨습니다. 그리고 전혀 가망성 없어 보이던 베드로나 의심 많은 도마, 그리고 예수 믿는 사람들을 핍박하던 바울까지... 모든 사람들이 변화되었고, 예수님처럼 살아갔던 것을 볼 수 있습니다. 우리도 그리스도의 장성한 분량이 충만한데 까지 이르도록 힘쓰고 애써야 할 것입니다. 우리의 목표는 세상의 리더가 아니라, 예수님 가신 그 길을 따라 갈 수 있는 진정한 주님의 제자가 되어야 합니다.

> 망령되고 허탄한 신화를 버리고 경건에 이르도록 네 자신을 연단하라 육체의 연단은 약간의 유익이 있으나 경건은 범사에 유익하니 생과 내생에 약속이 있느니라 딤전4:7-8

그러기 위해서는 경건의 훈련을 해야 합니다. 수영선수들이 수영을 잘하기까지 얼마나 많이 연습을 합니까? 또 태권도 선수가 벽돌을 격파하기까지 얼마나 많은 훈련을 받았을까요? 정신을 차리고 마음을 굳게 먹는다고 해서 물가에 가 보지도 않은 사람이 수영을 잘 할 수는 없는 일입니다. 훈련 안 된 태권도 선수가 손으로 있는 힘을 다해 벽돌을 내리 친다고 해서 벽돌이 깨지지 않습니다. 오히려 손을 다치게 됩니다.

오래 전에 시사 주간지를 본 적이 있는데 표지 사진이 매우 인상적이었습니다. 누군가의 '귀'를 찍은 사진이었는데, 그 귀는 보통 사람의 귀와는 달리 흉측하게 문드러진 모양의 '귀'였습니다. 도대체 왜 이렇게 못생긴 귀를 아름다운 귀라고 말하고 있는 것일까? 궁금한 생각이 들었습니다. 그런데 표지 뒷장을 보니까 그 귀에 대한 설명이 적혀 있었습니다. 그 귀는 바로 올림픽에서 레슬링 선수로 두 번의 금메달을 받은 심권호 선수의 귀라고 적혀 있었습니다. 그제야 왜 이 귀가 아름다운 귀인지 알게 되었습니다. 너무나도 공감이 되었습니다. 그 귀는 그냥 귀가 아니라 남들이 편하게 쉴 때에도 자신의 한계를 극복하기 위해 자신과의 싸움을 이어갔던 귀, 남들이 보지 못하고 남들이 알아주지 않는 곳에서 묵묵히 땀과 눈물을 흘린 흔적이 배어있는 귀였습니다. 그러니 누가 뭐라고 해도 그 귀는 아름다운 귀임에 틀림이 없고, 더 나아가 사람들에게 큰 인생의 교훈을 주는 '가치가 있는 귀'라고 여겨졌습니다.

우리 신앙생활도 마찬가지입니다. 어느 날 깨어 일어나 보니까 영적인 사람이 되어 버리는 일은 없습니다. 매일매일 부단한 경건의 훈련을 통해 영적인 사람으로 조금씩 성화되어 가는 것입니다.

그러므로 하나님의 전신갑주를 전신 갑주를 취하라 이는 악한 날에 너희가 능히 대적하고 모든 일을 행한 후에 서기 위함이라 그런즉 서서 진리로 너희 허리 띠를 띠고 의의 호심경을 붙이고 평안의 복음이 준비한 것으로 신을 신고 모든 것 위에 믿음의 방패를 가지고 이로써 능히 악한 자의 모든 불화살을 소멸하고 구원의 투구와 성령 우리는 의와 진리 안에서 최선의 노력을 다하며 바르게 살아야 합니다. 그리고 평안의 복음을 지속적으로 전해야 합니다. 그리고 항상 성령 안에서 깨어 있어야 합니다. 왜냐하면 악한 영은 자신의 정체를 드러내지 않고 어디선가 우리를 향해 수시로 불화살을 쏘고 있기 때문입니다. 이것을 막아내기 위해 믿음의 방패가 있어야 되고, 성령의 검인 하나님의 말씀이 늘 준비되어 있어야 합니다. 예수님이 말씀으로 사탄의 시험을 이긴 것처럼, 우리도 말씀과 믿음으로 담대히 사탄의 유혹을 이겨 나가야 합니다.

"영적 전쟁은 언제 하는 것인가요?" 이런 질문을 하는 성도님들이 많이 있습니다. "매일 매일이 영적 전쟁터인데요"라고 말을 하면, "전 아직 아무 것도 몰라요. 싸울 준비가 안 되어 있어요"라고 말씀하는 분들이 많습니다.

우리 성도의 삶은 매일 매일이 영적 전쟁터입니다. 악한 영은 우리가 아직 준비 안 되었다고 공격을 미루지 않습니다. 오히려 준비 안 되었을 때 더 마음껏 공격을 합니다. 언제 어떤 방식으로 우리를 공격해 올지 모릅니다. 이 사실을 인식하고 매일 경건의 훈련에 힘써야 합니다. 경건 훈련을 통해 주님과 늘 함께 하면 우리 그리스도인들은 언제 어디서나 백전백승을 하게 될 것입니다.

CHAPTER 02

죄의 유혹 앞에 서면

CHPTER 02
죄의 유혹 앞에 서면

요즘에는 모두들 사는 것이 바쁩니다. 바쁜 것이 나쁜 것은 아닙니다. 열심히 살아야 됩니다. 그러나 바쁘게 살 되 잊지 말아야 될 것이 있습니다. 바르게 살아야 된다는 점입니다. 남들보다 앞서서 빨리 달리는 것이 항상 좋은 것만은 아닙니다. 방향을 잘못 잡으면 나중에 더 힘들게 다시 돌아와야 하기 때문입니다. 부산에 가려면 경부 고속도로를 타야 합니다. 영동 고속도로를 타고 아무리 속력을 내고 열심히 달린 들 부산에는 도착할 수가 없습니다. 그래서 속도보다 중요한 것이 방향이라 말합니다. 방향이 바르다면 속도는 다소 늦다 할지라도 결국 최종 목적지에 도달할 수 있기 때문입니다.

요즘 사람들이 살아가는 방식을 보면, 방향 보다 속도를 더 중시

하고 있는 것을 알 수 있습니다. 조기 교육을 통해서 모든 교육 과정을 빨리 통과하려고 합니다. 재수하면 큰일 나는 것으로 생각합니다. 취직도 남들보다 빨라야 하고, 가정을 이루는 것이나 승진하는 것 등 모든 것이 앞서야 된다고 생각합니다. 그래서 남들보다 조금만 앞서가면 성공한 인생인 줄 착각합니다. 그렇게 살면 행복할 수 있다는 잘못된 믿음을 가지고 살아갑니다. 방향에 대해서는 고려하지 않습니다. 그러다보니 열심히는 살았지만 결국 잘못된 길, 멸망의 길로 달려가는 결과를 낳게 됩니다. 인생의 목표를 잘못 선택하고 무작정 달려가다 보니 그 길이 생명의 길이 아니라 사망의 길이요, 의와 진리의 길이 아니라 욕심과 탐욕으로 얼룩진 길로 달려가게 됩니다. 나중에 깨닫고 나면 뒤늦은 후회만 남게 됩니다. 방향을 잘못 선택하니 죄와 후회로 얼룩진 인생만 남게 됩니다.

> 복 있는 사람은 악인들의 꾀를 따르지 아니하며 죄인들의 길에 서지 아니하며 오만한 자들의 자리에 앉지 아니하고 오직 여호와의 율법을 즐거워 하여 그의 율법을 주야로 묵상하는도다 시1:1-2

문 앞에서 서성이는

모세는 애굽 사람들이 자기 동족인 히브리 사람들을 자꾸 괴롭히는 것을 보고 한 순간 욱하는 심정에 애굽 사람을 죽입니다. 순간의 실수로 살인을 저지르고 만 것입니다. 그 결과 모세는 왕자의 자리에서 도망자의 자리로 밀려나 미디안 광야에서 40년 동안 양 떼를 치면서 지내게 됩니다.

아담의 첫째 아들인 가인도 동생에 대한 질투심 때문에 아무도 없는 들에서 동생 아벨을 죽입니다. 하나님께서 자신의 제사는 받지 않으시고 동생 아벨의 제사만 받으신 것에 대한 질투심 때문이었습니다. 한 순간 자신의 마음속에서 올라오는 분노를 다스리지 못한 것으로 죄를 짓게 된 것입니다. 하나님께서는 죄에 관한 모든 것을 아시기 때문에 가인에게 다음과 같이 경고하셨습니다.

> 네가 선을 행하면 어찌 낯을 들지 못하겠느냐 선을 행하지 아니하면 죄가 문에 엎드려 있느니라 죄가 너를 원하나 너는 죄를 다스릴지니라 창4:7

사람마다 넘어지는 것은 죄의 문제를 다스리지 못해서 입니다. 그리고 죄의 문제를 다스리지 못하는 이유는 영적으로 깨어 있지 못해서 입니다. 잠들어 있는 사람은 누가 자기 얼굴에 먹칠을 해도 알지 못합니다. 영적으로 깨어 있지 못한 사람은 늘 사탄의 속임수에 넘어집니다. 그것이 사탄의 유혹인 것을 알지 못하기 때문입니다.

아담과 하와는 하나님이 먹지 말라고 경고한 선악과를 먹음으로 하나님 앞에 죄를 범했습니다. 그런데 아담과 하와가 선악과를 먹은 것은 자신들의 결정에 의해서가 아니라 사탄이 유혹했기 때문이었습니다. 만약 이런 사탄의 유혹이 죄로 이어진다는 것을 아담과 하와가 알았다면 그 유혹에 넘어지지 않았을 것입니다. 사탄의 유혹은 항상 이렇습니다. 그렇게 해도 괜찮을 것처럼 유혹을 합니다. 그래서 사탄이 유혹하면 다 넘어지게 됩니다.

그러나 이런 유혹이 엄청난 죄로 이어진다는 것을 안다면, 그래서 단호하게 하나님의 말씀만을 따르겠다고 결단한다면 죄를 짓지 않을 수 있습니다. 주위에서 속삭이는 소리를 듣고 그렇게 해도 괜찮겠다는 생각 속에 빠지게 되니 실수를 하게 됩니다. 결국 아담과 하와도 그 죄의 유혹에 넘어져 에덴동산에서 쫓겨났습니다. 죄의 대가를 치른 것입니다. 우리는 순간의 실수로 죄를 범하지만 그 죄의 대가는 항상 혹독한 것임을 알아야 합니다.

인간이 죄를 지으면 거룩하신 하나님과는 더 이상 함께 할 수 없게 됩니다. 왜냐하면 거룩하신 하나님과 죄는 물과 기름 같아서 섞일 수가 없기 때문입니다. 하나님과의 분리는 영적인 죽음을 의미합니다. 하나님께 나아가 다시 하나님과의 관계를 회복하려면 먼저 우리의 죄를 씻어버려야 합니다. 그런데 인간은 그 누구도 자기 죄를 스스로 해결할 수가 없었습니다. 죄의 삯은 사망이기 때문입니다. 즉 죄의 문제는 죽어야지만 해결이 되는 문제입니다. 그래서 하나님은 우리를 살리시기 위해 이 땅에 오셨고, 결국 십자가에서 우리를 대신하여 죽으심으로 우리 죄를 청산하신 것입니다. 이런 하나님의 사랑으로 인해 우리는 하나님의 은혜를 입은 자가 되었습니다. 이것이 바로 성경이 이야기하는 핵심 주제입니다.

죄의 치사량

현대인들의 가장 큰 문제는 죄와 벗하여 살고 있다는 점입니다. 예전에는 죄인가 아닌가의 경계가 분명했는데 지금은 그 경계가 무너졌습니다. 무엇이 죄인지도 모릅니다. 가치관에 많은 혼돈이 일어났습니다. 하나님의 말씀을 보면서 이것이 죄인지 아닌지를 따질 수 있어야 되는데 이제 그럴 수 없게 되었습니다. 진리나 하나님의 말씀보다 인권을 더 중요시하는 시대가 되었기 때문입니다.

그러나 하나님은 그리스도인들이 죄에 대해서 더욱 민감하고, 죄와 벗하지 않고, 죄와 싸워 이기는 인생을 살기 원하십니다. 개인적으로 저는 성경을 읽을 때 가장 납득이 안 된 말씀이 바로 선악과 사건입니다. 어떻게 사랑의 하나님이신데 선악과 하나 따서 먹었다고 에덴동산에서 추방시키실 수 있었을까? 예를 들면, 제가 퇴근하는 길에 사과를 하나 사 왔는데 그것을 테이블 위에 올려놓으면서 자녀들에게 말합니다. "이거 아빠가 소중하게 여기는 거니까 절대 손대지 마!" 그리고는 방에 들어갔다가 나왔더니 아이들이 그 사과를 먹어버렸습니다. 이것을 보고 제가 자녀들에게 말합니다.

"너희들 아빠 말을 도대체 어떻게 들은 거야. 아빠가 절대로 먹지 말라고 했지" 그리고는 "너희들 이 집에서 나가!" 하며 문 밖으로 쫓아냅니다. 그리고는 절대 다시 이집에 들어오지 못하도록 집 비밀번호를 바꿔놓았다고 한다면 어떻게 될까요? 그런데 선악과 사건이 이 이야기와 별로 다르지 않다고 느껴졌기에 며칠을 고민하게 되었습니다. 그리고 "하나님 이 선악과 사건이 뜻하는 바가 무엇입니까? 깨닫게 해 주세요"하며 기도를 하게 되었습니다.

그러던 어느 날 마음속에 스쳐지나가는 생각이 있었는데, 바로 '죄의 치사량'이었습니다. 독사에게 물리면 사람은 죽게 됩니다. 독이 사람을 죽게 하기 때문입니다. 독이 사람 몸에 들어가서 사람을 죽게 하는 정도를 '독의 치사량'이라 합니다. 마찬가지로 죄에도 '치사량'이 있습니다. 그런데 죄의 치사량은 그 어떤 독보다 강합니다. 스치기만 해도 죽게 만드는 것이 죄의 치사량입니다. 선악과 사건은 바로 죄의 치사량이 얼마나 강한지를 보여주기 위한 사건이었습니다. 사랑의 하나님이라고 해도 어쩔 수가 없다는 것을 보여주는 사건입니다. 가벼운 일상적인 거짓말 정도로도 사람을 죽음에 이르게 한다는 것을 알아야 합니다. 그러고 보면 죽음을 면할 수 있는 사람은 한 사람도 없습니다. 의인은 없기 때문입니다. 이런 운명에 처한 인간을 구원하기 위해서는 결국 하나님이 우리 죄를 대신하여 죽으시는 방법 외에 인간을 구원할 수 있는 길은 없습니다.

아무리 많은 재산을 모으고 성공을 했다고 할지라도 죄를 지으면 죽어야 합니다. 그리고 그 죄를 사할 수 있는 유일한 방법은 오직 십자가 외에는 없습니다. 십자가에는 하나님의 가장 위대한 사랑과 큰 은혜가 담겨 있습니다. 그러나 그럼에도 불구하고 사람들은 이 하나님의 사랑을 거부하고, 하나님의 은혜를 값싼 것으로 여깁니다. 우리가 살아가는데 있어서 그런 것은 필요 없다고 말합니다. 그러니 결국 하나님의 심판을 받게 됩니다. 하나님의 심판 같은 것은 없다며 노아를 조롱하던 노아 시대의 사람들처럼 말입니다.

요한계시록에서도 하나님의 심판에 대한 메시지가 잘 묘사되어 있습니다. 죄의 문제가 해결되지 않은 사람은 둘째 사망 가운데로 떨어지게 됩니다. 안타깝지만 그것이 끝입니다. 사람들 중에는 자신이 지혜롭다고 생각하는 사람들이 있습니다. 아무리 학식이 많고, 많이 배운 사람이라 해도 죄의 문제에 대해 고민하지 않는 사람이라면 어리석은 사람입니다.

물과 기름

많은 성도님들이 공통적으로 묻는 질문이 있는데 그 중 하나가 "목사님! 저는 기도를 하는데 왜 응답이 없습니까? 하나님이 못 들으시는 것 아닙니까? 아니면 저만 사랑하지 않으시는 것인가요?"라는 질문입니다. 기도 응답에 있어서 가장 중요한 것은 죄의 문제를 청산하는 것입니다. 하나님과 죄는 물과 기름 같다고 말씀드렸습니다. 물과 기름이 섞일 수 없듯이 거룩하신 하나님은 죄 많은 인간들과 교제할 수가 없습니다. 그래서 기도할 때에도 마음속에 죄를 쌓아 두고 기도하면 그 기도가 하나님께 상달이 안 되는 것입니다.

여호와의 손이 짧아 구원하지 못하심도 아니요 귀가 둔하여 듣지 못하심도 아니라 오직 너희 죄악이 너희와 너희 하나님 사이를 갈라놓았고 너희 죄가 그의 얼굴을 가리어서 너희에게서 듣지 않으시게 함이니라 사59:1-2

죄의 문제를 청산하지 않고 쌓아두면, 아무리 하나님의 이름을 부르며 기도하고 찬양해도 의미 없는 것이 되고 맙니다. 왜냐하면 성경의 말씀처럼 하나님이 들으실 수 없기 때문입니다. 이와 같은 맥락에서 볼 때 자기 욕심으로 구하는 기도도 응답되지 않습니다. 이미 그 기도 안에는 죄의 동기가 숨어 있기 때문입니다.

너희는 욕심을 내어도 얻지 못하여 살인하며 시기하여도 능히 취하지 못하므로 다투고 싸우는 도다 너희가 얻지 못함은 구하지 아니하기 때문이요 구하여도 받지 못함은 정욕으로 쓰려고 잘못 구하기 때문이라 약4:2-3

하나님은 매일매일 우리와 함께 하시면서 그 날의 필요한 것을 주시길 원하십니다. "오늘도 먹을 것을 필요한 만큼 구하라"고 하시며 오늘의 양식을 기쁨으로 채워주십니다. 이스라엘 사람들이 40년 동안 광야 생활을 할 때에도 매일의 '만나'를 주셨습니다. 욕심을 내어서 내일 먹을 것까지 모아두면 그 만나는 썩어서 먹을 수가 없게 되었습니다. 욕심 부리지 말고 그날의 '만나'를 구하는 기도가 필요합니다. 사람들은 "내일은 혹시라도 만나를 주지 않으시면 어떻게 하나?" 하는 의심이 들기 때문에 내일 먹을 것까지 모아 두려고 합니다. 그런 우리들을 향해 하나님은 당신을 전적으로 신뢰하라고 말씀하십니다. 그만큼 하나님은 우리를 사랑하시는 하나님이시기 때문입니다. 욕심으로 구하는 기도 뒤에는 '불신앙'이라는 죄의 모습이 있습니다. 그래서 그 기도에는 응답이 없습니다.

영원히 고통 속에 살아야 한다면

"당신은 죄인입니다. 10년 징역을 살아야 됩니다"라는 선고는 심판입니다. 사탄도 이미 예수 그리스도의 십자가로 인해 "너는 멸망을 당할 존재다"라는 심판을 받았습니다. 그러나 심판을 받았다고 해서 형이 바로 집행되는 것은 아닙니다. 사탄은 현재 형 집행을 기다리고 있는 상황입니다. 요한계시록은 이 형 집행을 '불과 유황 못에 던져지는 것'(계20:10)으로 묘사하고 있습니다. 이 때 사탄을 추종했던 그 많은 세력들 역시 영원히 꺼지지 않는 불 못 속에 던져져 고난을 당하게 됩니다.

> 바다가 그 가운데에서 죽은 자들을 내주고 또 사망과 음부도 그 가운데에서 죽은 자들을 내주매 각 사람이 자기의 행위대로 심판을 받고 사망과 음부도 불 못에 던져지니 이것은 둘째 사망 곧 불 못이라 누구든지 생명책에 기록되지 못한 자는 불 못에 던져지더라
> 계20:13-14

사람이 사람에게 죄를 짓는다는 것은 고통스러운 일입니다. 어떤 사람이 누군가에게 상처를 줘서 그 사람을 평생 고통 속에 살게 만들었다면, 가해자가 비록 감옥에서 죄 값을 다 치렀다 해도 마음이 편할 수는 없을 것입니다. 가해자 역시 평생 미안하고 아픈 마음을 가지고 살게 됩니다.

그런데 죄의 결과는 거기서 끝나지 않습니다. 하나님 앞에 회개하지 않으면 그 고통은 불 못 고통으로 이어지기 때문입니다. 죄의 결과는 우리가 생각하는 것 보다 훨씬 크고 두려운 것임을 잊지 말아야 합니다.

왜 숨었습니까?

죄를 지은 사람은 길을 갈 때 두리번거리는 습관이 있습니다. 자기를 아는 사람을 만날까봐 두렵기 때문입니다. 아담과 하와도 하

나님이 먹지 말라는 선악과를 따 먹은 후에 어떻게 합니까? 자신들의 벗은 모습이 부끄러워서 무화과나무 잎사귀를 가지고 옷을 만들어 입습니다. 그리고 하나님께서 "아담아! 아담아! 네가 어디 있느냐?"하며 부르실 때에, 수풀 사이에 숨어서 "내가 벗었으므로 두려워하여 숨었나이다"(창3:10)라고 대답합니다. 죄를 지은 아담과 하와는 스스로 부끄러워 숨은 것입니다. 죄를 지은 사람은 사람들을 피하며 숨어 다니게 되어 있습니다.

우리는 길을 다닐 때에 떳떳하게 고개를 들고 다닐 수 있는 사람이 되어야 됩니다. 그리스도인이 된 후에도 '누가 나를 보면 어떻게 하나?' 하며 두리번거리면 문제가 있습니다. 늘 양심에 부끄러움이 없이 깨끗하게 살아갈 수 있는 존재가 되어야 됩니다.

끊어 버리는 것이 깨어지지 않는 길

인간은 죄를 지었기 때문에 하나님과의 관계가 깨어졌습니다. 인간의 죄는 부부사이도 깨지게 합니다. 부모와 자녀 관계도 깨어지게 하고 다른 인간관계도 깨어지게 합니다. 사람들은 잠깐의 즐거움과 쾌락 그리고 작은 유익 때문에 죄를 선택합니다. 그 앞을 생각하지 않기 때문입니다. 또 순간의 위기를 모면하기 위해서도 거짓말하는 죄를 선택합니다. 그렇게 함으로 순간의 위기는 모면하게 되지만, 죄의 문제는 계속 우리 삶 속에 남아서 우리를 괴롭힙니다. 시시때때로 가시가 되어서 우리에게 큰 고통을 줍니다.

우리가 죄를 짓는 것은 대체적으로 하나님의 말씀을 따르지 않고 세상의 방법을 그대로 사용하는 것에서 비롯됩니다. 이는 하나님의 말씀을 정확히 이해하지 못했거나, 아니면 하나님의 말씀과 세상적인 것을 혼합시키는 것에서 발생하는 문제입니다. 예를 들면, 세상 사람들이 하나를 얻을 때 우리는 수단방법을 가리지 않고 두 개를 취하면서 그것이 하나님의 축복이라고 생각하는 것입니다. 무조건 잘되는 것은 하나님의 축복이고 남들보다 뒤 처지거나 어려움을 당하면 그것은 저주라는 의식을 가지고 살고 있습니다. 매우 위험한 생각이 아닐 수 없습니다. 내가 지금 하나님의 방법이 아닌 세상의 방법으로 남들보다 하나를 더 가졌다고 해서 그것이 축복이고 또 남들보다 더 부유해지는 것은 아닙니다. 하나님의 방법을 택하지 않았기에 오히려 둘을 잃게 됩니다.

살면서 고난이 없거나 남들보다 세상적인 것을 더 많이 갖는 것이 축복이라면, 복음과 함께 고난을 당한 사도 바울이나 베드로, 그 외의 많은 주의 일꾼들은 하나님의 축복과 은혜를 받지 못한 사람들일 것입니다. 축복은 고사하고 저주를 받았다는 말이 됩니다. 그러나 실제로 이들은 세상 그 누구보다 더 귀한 축복의 사람들이라는 것을 부인할 사람은 없을 것입니다. 그럼에도 불구하고 여전히 세상에서 잘되고 성공하는 것만이 하나님의 축복이라고 믿는다면 그것은 사탄에게 속는 것입니다. 사탄은 절대로 자신이 사탄인 것을 드러내면서 우리에게 다가오지 않습니다. 늘 교묘하게 세상 사는 것이 다 그런 것처럼 자연스럽게 접근합니다. 그리고는 범죄하게 만듭니다. '이렇게 하면 안 되는데...' 하며 양심에 거리끼는 일을 하게 될 때, 사탄은 '교회 장로님도 그렇게 하고, 신앙 좋은 권사님도 저렇게 하는데... 나는 집사이니 그래도 되겠지' 하는 생각을 가지게 하면서 죄와 타협하게 만듭니다.

다른 사람과 비교하면서 자기 삶을 합리화하는 것은 매우 어리석은 일이고 또한 위험한 일입니다. 우리는 진리이신 예수님의 모습을 삶의 표준으로 삼아야 합니다. 그리고 성경의 가르침을 삶의 지침으로 삼아야 합니다. 그럴 때 비로소 우리는 죄의 유혹을 이길 수 있습니다. 성경 말씀으로 우리 삶을 무장해야 합니다. 어떤 일이 있어도 나는 말씀의 가르침을 따라 살겠다는 결단이 있어야 합니다. 그러면 세상 사람들이 다 죄의 길을 택하더라도 나는 그것을 단호하게 끊을 수 있는 사람이 될 수 있습니다. 하나님은 그런 사람을 귀하게 여기시고 그런 신앙인을 통해 하나님의 역사를 만들어 가시는 것입니다. 내가 하나님의 말씀을 따라 살 때에 당장은 손해를 보는 것처럼 보일지 모르지만 그것이 실상은 축복의 열매를 맺는 비결인 것을 알아야 합니다.

내가 머물러야 하는 곳

아무리 신앙생활을 열심히 하고, 모든 면에 있어서 본이 되는 사람이라 할지라도 죄를 지으면 한순간에 모든 것이 끝납니다. 때문

에 우리가 신앙생활을 하면서 죄와 싸워 이기는 것은 선택사항이
아니라 필수이어야 합니다.

　죄를 지은 사람들의 공통된 점은 모두 다 후회한다는 것입니다.
죄를 지어놓고 잘했다고 생각하는 사람은 없습니다. '똑같은 상황
이 주어져도 나는 다시 그렇게 죄를 지을 것입니다' 라고 말하는 사
람은 단 한 사람도 없습니다. 아담과 하와가 범죄 한 후에 에덴동
산을 떠나면서 무슨 생각을 했겠습니까? '아! 내가 그 때 사탄 말을
듣는 것이 아니었어. 하나님의 말씀을 지켰더라면 좋았을 텐데...'
하고 후회했을 것입니다. 가인도 아벨을 죽이고 나서 방황하는 인
생이 되었습니다. 험한 골짜기를 다니면서 가인이 무슨 생각을 했
겠습니까? '이럴 줄 알았더라면 그러지 말 것을...' 이런 생각을 하
지 않았겠습니까? 인간은 죄를 지으면 늘 한숨과 탄식 그리고 후회
를 하게 됩니다. 그리고 그에게는 '죄인' 그리고 '실패자' 라는 꼬
리표가 늘 따라다니게 됩니다.

　그럼에도 불구하고 감사한 것이 있습니다. 그것은 하나님의 은
혜와 사랑이 우리 가운데 있다는 것입니다. 하나님이 우리에게 주
신 많은 은총 가운데 회개할 수 있는 은총은 그 어떤 것보다 값진
은총입니다. 회개는 다시 기회가 주어지는 것을 의미하기 때문입
니다. 회개의 은총이 주어지지 않았다면 우리 가운데 구원받고 살
아남을 수 있는 사람은 단 한 사람도 없습니다. 예수 그리스도의

이름을 의지해서 "주님, 용서해 주세요. 예수님의 피로 나의 죄를 씻어 정결하게 해 주세요"라고 기도하면, 진홍보다 붉은 피가 흰 눈보다 희어집니다. 예수님을 믿고 죄 사함을 받을 수 있다는 것은 세상의 그 무엇보다도 귀한 축복입니다. 세상의 모든 것을 얻는다고 해도 생명을 잃으면 그 모든 것이 아무 소용없는 것이 되기 때문입니다.

그러나 회개의 은총을 생각할 때 주의해야 할 것이 있습니다. 회개하면 어떤 죄라도 하나님이 다 용서하신다는 생각 때문에 죄를 가볍게 여겨서는 안 됩니다. 죄에 대한 면책권이 우리에게 있는 것처럼 착각해서는 안 됩니다. "우리 기독교인들은 죄를 지어도 돼. 예수님의 피로 또 회개하면 되니까..."라고 이야기 한다면, 그것은 예수님의 보혈의 피를 값싼 것으로 여기는 과오를 범하게 됩니다. 모든 성도는 주님께서 십자가에 달려 고난당하고 흘리신 보혈을 존귀하게 여겨야 됩니다. 다시는 내 죄 때문에 주님께서 피 흘리시는 일이 없도록 하겠다는 결단의 자세를 가지고 살아야 됩니다.

때로 사람들 중에는 자신도 모르는 사이에 죄의 자리에 앉아 있을 때가 있습니다. 죄로 인해 아픔과 고통을 당하면서도 그 이유가 죄인 줄 모르고 그냥 그 죄의 자리에 머물러 있을 때가 있습니다. 안타까운 일입니다. 그래서 사탄은 종종 죄 짓고, 악하게 사는 사람들을 더 형통케 만들기도 합니다. 하나님의 법을 따라 살지 않아도 세상에서 잘 먹고 잘 살게 만듭니다. 그러면 '하나님을 안 믿어도 내가 잘 되는구나!' 하는 생각을 가지고 평생을 살게 됩니다. 그러나 나중에 자기 일생을 마치고 나면 사탄에게 속은 줄을 알게 됩니다.

그러므로 예수님을 안 믿으면서도 형통하게 잘 사는 사람들을 볼 때 부러운 마음을 갖거나 흔들려서는 안 됩니다. 주님을 믿는다는 것은 어떤 면에서는 고난처럼 보입니다. 수시로 사탄의 공격을 받고 그래서 모진 어려움도 겪게 되기 때문입니다. 그러나 마지막 순간에는 하나님께서 믿음을 지킨 자의 손을 들어 주시고 승리하는 자가 되게 하십니다.

악인들의 형통은 해가 뜨면 사라지는 안개와 같습니다. 해가 뜨면 금방 시들어버리는 채소와 같은 인생이 바로 악인들의 인생입니다. 패배자가 아닌 승리자가 되기 위해서는 죄의 자리에서 떠나야 합니다.

하나님이 아브라함을 갈대아 우르에서 떠나게 하신 이유도 갈대아 우르는 우상을 만드는 죄악의 도시였기 때문입니다. 죄의 자리에 머물러 있어서는 하나님이 축복하실 수 없기 때문입니다. 요셉이 애굽의 총리대신이 된 것은 결코 우연이 아니었습니다. 거기에는 그럴만한 이유가 있었습니다. 요셉은 어떤 상황에서도 죄와 타협하지 않은 사람이었기 때문입니다. 요셉은 자신이 섬기는 보디발 장군 아내의 유혹을 받았을 때에도, 그 유혹을 뿌리치면 불이익을 당하게 된다는 것을 알았습니다. 그러나 그럼에도 불구하고 죄의 유혹을 뿌리쳤습니다. 하나님 앞에 범죄한 사람의 모습으로 살기 보다는 불이익을 당하더라도 하나님의 법을 지킨 사람으로 사는 것이 가치 있고 중요한 인생을 만드는 비결인 것을 알았기 때문입니다.

그 결과 요셉은 감옥에 갇히게 되지만, 그렇다고 해서 요셉은 낙심하지 않았습니다. 하나님은 그런 요셉을 귀하게 보셨고, 때가 되매 하나님은 요셉을 애굽의 총리대신으로 세우셨습니다. 죄의 유혹은 항상 달콤합니다. 그래서 때로 거부하기가 힘듭니다. 그러나 그 유혹을 뿌리칠 때 하나님의 놀라운 은혜가 임한다는 것을 알아야 합니다.

불화살, 그물과 거짓말

사탄은 직접 자기 정체를 드러내면서 우리를 공격하지 않습니다. 멀찍이서 우리를 향해 불화살을 쏘아댑니다. 불화살이 우리 마음에 꽂힐 때에 우리 마음이 흔들립니다. 갑자기 죄에 대한 마음이 불일 듯 일어납니다. 욕심이 생기기도 하고 분노가 솟아오르기도 합니다. 에베소서에 보면 하나님의 전신갑주 중에 믿음의 방패가 있습니다. 믿음의 방패가 중요한 이유는 그것이 있어야 사탄의 불화살을 막아낼 수 있기 때문입니다. 믿음의 방패가 없는 사람은 "내가 예수님을 믿습니다. 예수님을 사랑합니다. 하나님이 나를 구원하셨습니다. 나는 하나님의 자녀입니다"라고 고백을 하다가도 사탄의 불화살을 맞으면, '내가 진짜 제대로 가고 있는 것인가? 하나님이 정말로 존재하는가?' 하는 의심을 하게 됩니다. 어느 순간 신앙이 뿌리 채 흔들리고 마는 것입니다. 사탄의 불화살을 막아내기 위해 믿음의 방패를 든든히 가져야 합니다.

사탄이 사람을 공격할 때, 불화살과 더불어 그물도 잘 사용합니다. 사냥꾼이 새를 잡기 위해서 나무와 나무 사이에 올무를 쳐 놓으면, 새는 아무 영문도 모른 채 파란 하늘을 자유롭게 날아다니다가 사냥꾼이 쳐 놓은 그물에 걸려 죽음을 맞이합니다. 바다에 사는 물고기도 넓은 바다가 자기의 집인 양 마음껏 헤엄치다가, 어느 순간에는 결국 그물에 걸려 죽는 신세가 되고 맙니다. 사탄도 그렇습니다. 사람이 다니는 길을 잘 알고 있기에 그곳에 그물을 쳐 놓고 기다립니다. 물질에 약한 사람은 물질에 걸려서 넘어지게 합니다. 명예를 중요시 하는 사람에게는 명예로 말미암아 넘어지게 합니다. 인간관계에 약한 사람은 그 관계를 깨뜨려서 실족하게 만들고, 이성 친구를 좋아하는 사람은 잘못된 관계를 맺게 해서 넘어뜨립니다. 그리고는 이내 깊은 죄책감 속에 빠지게 만들어서 고통을 당하게 만듭니다. 술을 좋아하는 사람에게는 술에 취해 넘어지게 만들기도 합니다. 이처럼 사탄은 우리의 약점을 너무나도 잘 알고 있습니다. 이런 마귀의 궤계를 이기기 위해서는 먼저 사탄의 속성을 잘 알고 대처해야 합니다.

> 너희는 너희 아비 마귀에게서 났으니 너희 아비의 욕심대로 너희도 행하고자 하느니라 그는 처음부터 살인한 자요 진리가 그 속에 없으므로 진리에 서지 못하고 거짓을 말할 때 마다 제 것으로 말하나니 이는 그가 거짓말쟁이요 거짓의 아비가 되었음이라 요8:44

성경은 사탄이 '거짓의 아비'라고 증거하고 있습니다. 이 말의 뜻은 모든 거짓말이 다 사탄으로부터 온다는 것입니다. 그러기에 거짓말을 가볍게 여겨서는 안 됩니다. 거짓말도 자꾸하면 습관이 되고 중독이 됩니다. 나중에는 거짓말을 하면서도 그것이 거짓인 줄 모릅니다. 자신은 진실을 말하고 있는 것으로 착각합니다. 스스로를 속이는 것입니다. 앞에서 언급한 것처럼 죄의 치사량은 매우 강합니다. 작은 거짓말도 우리를 죽이기에 충분한 독을 가지고 있습니다. 그러기에 거짓말을 해서는 안 됩니다. 작은 거짓말도 끊어야 합니다. 농담으로 하는 거짓말도 끊어야 합니다. 왜냐하면 모든 거짓말은 거짓의 아비인 사탄에게서 비롯되는 것이기 때문입니다.

> 도둑이 오는 것은 도둑질하고 죽이고 멸망시키려는 것뿐이요 내가 온 것은 양으로 생명을 얻게 하고 더 풍성히 얻게 하려는 것이라 요10:10

사탄이 우리로 하여금 죄를 짓게 만드는 것은 우리를 멸망의 길로 가게 하려는 전략입니다. '죄의 삯은 사망'(롬6:23)이기 때문입니다. 굳이 사탄이 우리를 힘들게 공격 하지 않아도 인간 스스로가 죄를 지으면 영원한 죽음에 이르게 된다는 것을 사탄은 잘 알고 있습니다. 이것이 사탄의 방법입니다. 그러므로 죄의 유혹은 어떤 종류이든 반드시 뿌리쳐야 합니다. 반드시 이겨야 됩니다. 그것이 생명을 취하는 길이기 때문입니다.

왜 아무 말도 안 하시나요?

우리가 죄와 싸우려고 할 때에 성령은 우리에게 힘주시며, 우리를 친히 의의 길로 인도하시는 것을 경험할 수 있습니다. 우리가 신앙생활을 하는데 있어서 성령의 함께 하심은 매우 중요합니다. 그러기에 요즘 성령에 대한 관심과 연구가 많아지고 있는 것을 볼 수 있습니다. 성령의 인도하심을 어떻게 받아야 하는지, 또 성령의 음성을 어떻게 분별하는지 등에 관한 세미나가 여러 곳에서 개최되는 것을 볼 수 있습니다. 이렇게 성령에 대한 관심이 늘어나고 있다는 것은 매우 좋은 일이며 바람직한 일이라 할 수 있습니다.

그런데 이런 세미나 보다 더 중요한 것이 있습니다. 성령의 인도하심에 순종하며 살겠다는 마음의 자세입니다. 성령의 인도하심을 받는데 있어서 쉽게 범하는 오류가 있습니다. 그것은 여전히 죄 가운데 있으면서 성령이 나의 삶을 인도해 주기를 원한다는 것입니다.

성령은 거룩하신 하나님의 영이십니다. 그러기에 죄 가운데 머물러 있는 우리를 인도하실 수가 없습니다. 내가 먼저 회개를 통해 죄의 길에서 돌아서야 합니다. 그리고 성령의 인도를 받고자 결단해야 합니다. 그리고 성령의 뜻을 따라 내 욕심을 내려놓고 주님의 길을 따라가려는 결단이 있어야 합니다. 이러한 결단 없이 성령의 인도하심을 받을 수는 없습니다.

요즘 한국 교회의 문제점을 지적한다면, 대체적으로 성도들은 성경말씀을 많이 알고 있는 반면, 말씀대로 살려는 의지는 별로 없다는 점입니다. 오히려 말씀을 많이 알지는 못한다 해도 그 말씀을 지키며 살기 위해 노력하는 것이 인생을 복되게 사는 비결입니다. 알고자 하는 노력의 10분의 1이라도 지키려고 노력할 때 하나님의 영이 우리 위에 부어지고, 성령의 도우심으로 우리 삶이 달라지게 됩니다. 그러므로 하나님의 말씀을 실천하려는 노력과 의지는 승리하는 신앙생활을 위해 꼭 필요한 자세입니다.

어떤 분이 묻습니다. "목사님, 우리가 구하면 하나님은 응답하신다고 하셨는데, 저에게는 왜 말씀을 안 하십니까?" 신앙생활을 하면서 누구나 한 번쯤은 의문을 제기한 질문일 것입니다. 그러나 이 질문은 잘못된 질문입니다. 왜냐하면 성령은 우리가 죄를 회개하고 간구한 모든 기도에 대해 늘 응답하시기 때문입니다. 문제는 우리가 그 성령의 응답과 인도하심을 깨닫지 못하는데 있습니다.

우리 안에 계시는 성령은 늘 우리에게 말씀합니다. 그러나 때로 우리는 세상일에 바빠서 성령의 음성을 듣지 못하고, 또 때로는 그런 성령의 음성에는 무관심하기 때문에 듣지 못하기도 합니다. 때로는 불신앙 때문에, 또 때로는 마음 문을 열지 않기 때문에 못 듣는 경우도 많이 있습니다. 그러나 가장 중요한 이유는 우리가 성령의 음성을 들을 준비가 안 되어 있기 때문에 못 듣는 것입니다.

대부분 성령의 음성을 듣기 원하는 사람들은 자신들이 듣고 싶은 것을 듣기 원합니다. 즉, 사람들은 성령을 통해 축복의 말씀을 듣기 원합니다. '너를 사랑한다. 내가 너와 함께 할 것이고, 너를 축복할 것이다' 라는 종류의 말씀을 듣기 원합니다. 자기가 소원하는 바를 듣기 원하는 것입니다. 만약 성령이 우리에게 '죄의 길에서 돌이키라' 거나 '욕심을 버리고 원수를 사랑하라' 고 말씀하신다면 우리는 어떻게 반응할까요? 더군다나 '너는 모든 것을 버리고 나를 따르라' 고 말씀하신다면 우리는 어떻게 반응할지 궁금합니다. 아마도 대부분의 경우는 못들은 척 하거나, 이것은 성령의 음성이 아니라고 거부할지도 모를 일입니다. 성령님께 무엇이든 말씀해 달라고 간청을 하면서 동시에 성령을 거절하는 오류를 범하고 있습니다.

성령의 음성을 듣는데 있어서 알아야 할 가장 중요한 것이 하나 있습니다. 그것은 믿음생활을 하는 모든 성도들은 수시로 성령의 음성을 듣고 있다는 점입니다. 길을 가다가도 성령의 음성을 듣고, 집에서 TV를 보면서도 성령의 음성을 듣습니다. 그럼에도 우리는 그것이 성령의 음성이 아니라고 생각을 하며 성령의 인도를 무시하고 있습니다. 누구나 한 번쯤은 집에서 드라마를 보다가 '성경보고 기도해야 하는데...' 하는 생각을 가질 때가 있었을 것입니다. 또 누군가와 엘리베이터에 탔을 때 '이 사람에게 전도해야 하는데...' 하는 생각을 가진 적이 있을 겁니다. 사실은 이런 생각들이 성령께서 우리에게 말씀하시는 내용일 때가 많습니다. 그런데 우리는 망신을 당할까봐 성령의 음성을 꾹꾹 눌러 버립니다. '새벽에 교회 가서 기도해야지...' 하는 마음이 자꾸 드는데 '지금은 너무 피곤하니까 다음 주부터 하지 뭐...' 하며 마음을 눌러버립니다. 많은 성도들이 실제로 살면서 얼마나 많이 성령의 음성을 눌러버리고 사는지 모릅니다. 그러면서 "목사님, 성령님은 왜 나에게 말씀을 안 하시나요?"라고 묻습니다. 내가 기대하고 듣기 원하는 말씀을 주지 않으신다는 뜻이겠지요. 성령의 음성을 듣고자 한다면 내가 원하는 것이 아니라, 성령께서 원하시는 것은 무엇이든지 듣고 순종하고자 하는 열린 마음을 가져야 합니다.

죄란...

죄를 다스리기 위해서는 죄가 무엇인지 알아야 됩니다. 사람들에게 "죄가 무엇입니까?"라고 물으면 도둑질 하는 것, 살인하는 것, 거짓말 하는 것 등을 이야기 합니다. 그런데 그런 것들은 본질적인 죄라기보다는 2차적인 죄라 할 수 있습니다. 가장 중요한 죄의 본질은 하나님을 향한 불신앙과 하나님의 뜻에 대한 불순종입니다. 이것이 죄의 근본이고 본질입니다. 거기서부터 모든 죄가 파생됩니다.

아담은 인류 최초의 범법자입니다. 그를 통해 이 땅에 죄가 들어왔습니다. 그런데 그 죄의 내용은 바로 하나님의 말씀에 대한 불순종이었습니다. 하나님께서는 아담에게 "선악과는 먹지 마라! 먹는 날에는 죽을 것이다"라고 말씀하셨습니다. 이 말씀을 듣고 '저것을 먹으면 정말 죽겠구나!' 그리고 '죽느냐 사느냐를 떠나서 하나님이 말씀하셨으니 지켜야만 한다' 라고 했다면 아담은 그 선악과를 먹지 않았을 것입니다. 그런데 아담은 하나님의 말씀을 대수롭지 않게 여겼습니다. 그러자 사탄은 그 틈을 타고 공격을 한 것입니다.

사탄은 항상 어떤 틈을 타고 공격을 합니다.(엡4:27) 세상을 사랑하는 틈, 욕심의 틈, 상처의 틈 등을 통해 우리를 공격해 옵니다. 아담도 죄에 대해 민감하게 깨어 있지 못한 순간에 사탄이 와서 공격을 했습니다. "그 좋은 것을 왜 안 먹어?" 그러자 아담은 이렇게 대답합니다. "하나님이 먹으면 죽는다고 했어" 이 대답을 들은 사탄은 하나님의 말씀에 정면으로 반박하며 도전합니다. "그거 먹어도 안 죽어! 내가 장담하건데 안 죽어"

사탄은 지금도 교회와 성도를 공격할 때 말씀을 가지고 공격합니다. 그리고 하나님의 말씀을 정면으로 반박합니다. 그래서 우리로 하여금 하나님 말씀을 의심하게 만듭니다. 하나님께서 먹으면 죽을 것이라고 한 선악과를 '먹어도 죽지 않는다' 며 아담을 유혹했습니다. 사탄의 유혹은 항상 그럴 듯하게 들려서 옳은 것 같지만 결정적으로는 틀린 말입니다. 여기에 넘어져서는 안 됩니다. 그래서 성도는 늘 깨어서 하나님의 말씀을 가까이 해야 합니다. 하나님의 말씀을 모르면 우리는 자신이 옳다고 생각하는 것을 따르게 되고, 또 자기 생각을 따라가다 보면 십중팔구 넘어지게 됩니다. 그러기에 성도는 항상 하나님의 말씀을 법으로 삼고, 그 말씀을 철저히 지키며 살아야 됩니다.

창세 이래로 지금까지, 사람들은 늘 하나님의 말씀과 사탄의 유혹, 또 하나님의 말씀과 세상의 이치 사이에서 흔들리며 살아왔습니다. 성경은 하나님을 경외하고 그 말씀을 의지해서 살아야 한다고 권면하지만, 세상은 그런다고 뭐가 달라지냐며 우리의 신앙을 흔들어 놓습니다. 그래서 때로 성도들은 교회에서는 하나님의 말씀을 따르고, 세상에서는 세상의 논리를 따라 살아갑니다. 이것은 하나님과 세상을 겸하여 섬기는 잘못된 신앙생활입니다. 그렇게 흔들리지 말고 하나님만을 바라야 하는데 그렇게 하지 못하고 있으니 불순종하는 것입니다. 하나님을 선택해야 하는데 그러지 못하고 마음이 흔들리니 그 좋은 기회를 사탄이 놓칠 리가 없습니다.

그래서 좀 더 센 공격을 감행합니다. "그것을 먹는 날에는 너희 눈이 밝아져 하나님같이 될 거야" 사탄은 사람의 높아지고자 하는 욕망을 정확히 알고 유혹을 했던 것입니다. 여기까지 이르게 되면 거의 모든 사람들이 다 넘어지게 됩니다. 사람은 자기가 듣고 싶은 말을 따르게 되어 있고, 하고 싶은 일을 하는 존재이기 때문입니다.

사탄은 우리의 생각을 잘 공격합니다. 생각이 바뀌면 행동이 바뀌기 때문입니다. 결국 내 모든 삶의 범죄는 생각에서부터 비롯됩니다. 그래서 성경은 "모든 지킬 만한 것 중에 더욱 네 마음을 지키라 생명의 근원이 이에서 남이니라"(잠4:23)고 권고하고 있습니다.

불신앙과 불순종은 동전의 양면과 같습니다. 하나님을 먼저 신뢰해야 하나님께 순종할 수 있는 것이고, 또 하나님께 순종하고 있다는 것은 내가 하나님을 신뢰하고 있다는 증거입니다. 그래서 우리는 이렇게 기도해야 합니다. "하나님, 하나님만을 철저히 신뢰할 수 있는 믿음을 주시옵소서. 그리고 끝까지 하나님의 말씀을 따를 수 있는 힘과 지혜를 주시옵소서"

CHAPTER 03
고난에 끌려가고 계십니까?

CHPTER 03
고난에 끌려가고 계십니까?

심방을 해보면 성도님들에게서 가장 많이 듣는 이야기가 '힘들다', '어렵다'는 이야기입니다. 그럴 때 목회자의 마음은 안 좋습니다. '성도님들이 힘들게 사시는구나! 어떻게 해서든지 위기를 좀 빨리 이겨나갔으면 좋겠다' 이런 생각을 하게 될 때가 많이 있습니다.

경제적 위기, 가정의 위기, 인간관계의 위기 등 꼬리에 꼬리를 물고 문제는 계속 우리 삶을 위협합니다. 그래서 심방을 하면 "요즘은 좀 경기가 많이 풀렸습니까?"라고 묻게 됩니다. 그러면 대체적으로 "여전히 어려워요" 아니면 "그저 그래요"라는 답변을 합니다. 경제가 어려워지니까 마음도 괜히 움츠러드는 것 같고 자신감도 잃는 것 같아 보입니다.

또 성도님들 중에는 아프신 분들도 많이 있습니다. 자녀 문제로 속을 썩고 있는 가정도 많이 있습니다. 자녀가 사춘기로 반항을 하고, 공부도 안 하고, 때로 나쁜 친구들과 어울리면서 부모의 속을 썩입니다. 자기 하고 싶은 대로 하겠다며 가출한 자녀들도 있습니다. 자녀와의 대화는 기대할 수 조차 없는 상태에 빠진 가정도 많이 있습니다. 대화가 단절되니 오해만이 커집니다. 날이 갈수록 부모와 자녀 사이는 멀어져 갑니다.

그런데 이런 문제는 누구랄 것 없이 모든 사람이 겪는 문제입니다. 마치 여름 장마비가 내리면 신앙이 좋은 사람이든 그렇지 못한 사람이든 다 비를 맞아야 하듯, 모두가 겪어 내야 하는 인생의 문제입니다.

고통은 꼭 당해야 하나요?

많은 분들이 이런 질문을 합니다. "저는 교회도 열심히 다니고 신앙생활도 열심히 잘 하는데, 왜 이렇게 어려운 문제들로 고통을 당해야 하나요?"

교회에 다니는 사람들은 교회만 다니면 어떤 문제든 다 사라진다고 생각하지만 실상은 그렇지 않습니다. 고난은 파도처럼 끊이지 않고 누구에게나 연속적으로 몰려옵니다. 고난과 역경은 사람을 가리지 않습니다. 하나님을 잘 믿는 성도들이나 하나님을 믿지 않는 불신자들에게나 역경과 시련의 문제는 다가옵니다. 그렇다면 우리가 굳이 하나님을 믿어야 하는 이유는 무엇일까요? 그것은 고난의 시간이 다가올 때, 성도와 불신자는 그 문제를 풀어가는 방식이 다르기 때문입니다. 믿음을 가진 성도들은 믿음이 없는 사람들과 달리 고난과 역경을 성장과 축복의 기회로 생각하기에 문제 앞에서 좌절하거나 절망하지 않습니다.

> 사람이 감당할 시험 밖에는 너희가 당한 것이 없나니 오직 하나님은 미쁘사 너희가 감당하지 못할 시험 당함을 허락하지 아니하시고 시험 당할 즈음에 또한 피할 길을 내사 너희로 능히 감당하게 하시느니라 고전10:13

하나님께서는 감당할 수 있는 시험만을 주시고 피할 길도 함께 주십니다. 이것을 믿기에 성도들은 고난 속에서도 하나님의 은혜를 노래하게 됩니다. 또 문제 앞에서 절망하지 않고 노래할 수 있다는 것은 그 자체가 하나님의 은혜입니다. 성경이 증거 하듯이, 하나님은 우리가 감당할 수 있을 만한 시험만을 주신다는 것을 믿고, 이 고난은 내가 감당할 수 있다는 생각으로 이겨나가야 합니다. 성경에 기록된 말씀을 진정으로 신뢰한다면 말입니다.

> 하루는 제자들과 함께 배에 오르사 그들에게 이르시되 호수 저편으로 건너가자 하시매 이에 떠나 행선할 때에 예수께서 잠이 드셨더니 마침 광풍이 호수로 내리치매 배에 물이 가득하게 되어 위태한지라 눅8:22-23

예수님이 제자들과 배를 타고 갈릴리 바다를 건너가실 때의 일입니다. 예수님께서 그 배에 함께 타고 계셨지만 풍랑이 몰아 쳤습니다. 우리도 하루하루 살아가면서, 예수님을 의지하고 예수님의 손을 붙잡고 살아도, 위기나 인생의 풍랑이 우리에게 닥칠 수 있습니다. 사도 바울은 그 누구도 따라갈 수 없을 만큼 신실했던 하나님의 종이었습니다. 그런데도 그가 죄수의 몸으로 로마를 향해 가게 될 때 '유라굴로' 라는 광풍을 만났고, 그 배에 있던 사람들은 누구랄 것 없이 다 어려움을 당했습니다.

얼마 안 되어 섬 가운데로부터 유라굴로라는 광풍이 크게 일어

행20:14

바쁜 현대를 살아가는 우리도, 매일 예수님을 의지하며 예수님과 동행하는 삶을 살아도, 여전히 풍랑을 만날 수 있습니다. 그 풍랑은 믿지 않는 자에게나 믿는 자에게나 동일하게 다가옵니다. 소나기가 내릴 때, 신실한 신앙인이라고 해서 그 소나기가 피해가지는 않습니다. 그러나 신앙인이 다른 점은 소나기를 맞으면서도 하나님을 찬양한다는 점입니다. 무더위를 식혀주셔서 감사하다는 기도와 함께, 비로 인해 혹시나 해를 당하는 사람이 없도록 기도합니다. 이것이 문제를 풀어가는 신앙인의 자세입니다.

그리스도인에게도 고난은 옵니다. 예수님과 함께 배를 타고 갔던 예수님의 제자들에게 풍랑이 있었던 것처럼 말입니다. 그러나 그 고난을 성장과 성숙의 기회로 여기시고 축복의 기회로 여기시기 바랍니다. 이것이 그리스도인의 마땅한 자세입니다. 하나님은 당신을 신뢰하는 자에게는 모든 것이 합력하여 선이 되게 하시는 분이시기 때문입니다.

고난 속에 하나님의 뜻이 있다고요?

고난 속에는 하나님의 뜻이 있습니다. 고난을 통해 다루려고 하는 하나님의 계획이 계십니다. 그리고 이렇게 하나님의 다루심 속에 있는 사람은 고난을 이기는 자가 됩니다. 세상의 어떤 고난도 의미 없는 고난은 없습니다.

> 참새 두 마리가 한 앗사리온에 팔리지 않느냐 그러나 너희 아버지께서 허락하지 아니하시면 그 하나도 땅에 떨어지지 아니하리라 너희에게는 머리털까지 다 세신 바 되었나니 마10:29-30

하나님은 우리를 정확히 알고 계시고, 우리 주변에서 일어나는 모든 일은 하나님의 뜻과 무관하지 않다는 말씀입니다. 저는 신학대학원을 졸업하고 군대에 갔습니다. 처음 받는 군사훈련인지라 저에게는 매우 힘들었습니다. 몸이 건강한 편도 아닌지라 총을 메고 군화를 신으니 총과 군화가 얼마나 무겁게 느껴졌는지 모릅니다. 매일매일 고된 훈련으로 인해 그나마 없던 살이 더 빠졌습니다.

어느 날인가 불침번을 서다 내무반 안에 있는 작은 거울을 보게 되었습니다. 어디서 본 듯한 얼굴이다 했는데, 그게 바로 저의 모습이었습니다. 안 그래도 마른 체구였는데, 훈련을 받다보니 그나마 붙어있던 살까지도 다 빠져서 뼈밖에 남아있지 않았습니다. 그 모습이 저에게는 큰 충격이었습니다. 이 생활을 언제까지 해야 하나 생각을 하니 한숨이 나왔습니다. 답답한 마음이 저를 눌렀고, 결국 불침번을 서면서 하나님께 이렇게 기도했습니다.

"하나님, 내가 이제 하나님의 종이 될 사람입니다. 이 30개월이 참 긴 시간입니다. 이곳에 하나님께서 나를 보내셨다는 확신을 주세요. 아니면 제가 힘들어서 군 생활을 감당할 수 없을 것 같습니다. 하나님께서 저를 이곳에 보내신 뜻을 알게 해 주세요"

그렇게 기도하고 이틀이 지났을 무렵 한 통의 카드를 받았습니다. 학창시절 좋아했던 선배가 저에게 카드를 보내온 것입니다. 제가 군대 갔다는 것도 잘 모를 선배로부터 성탄절 카드를 받은 것입니다. 5년이 넘도록 아무런 연락이 되지 않던 선배였습니다. 제가 군대 간 것도 모를 터인데, 어떻게 카드를 보내왔는지 납득이 되지 않았습니다. 잔뜩 기대하며 카드를 열었는데 그 카드 안에는 이 한 구절의 성경말씀만이 적혀 있었습니다.

내가 가는 길을 그가 아시나니 그가 나를 단련하신 후에는 내가 순금 같이 되어 나오리라 욥23:10

너무 무심한 편지였습니다. 오랫동안 소식도 모르는 상태에서 달랑 성경말씀 한 구절만이 적혀 있었던 것입니다. 야속한 마음이 들었지만 이내 저의 온 몸에 전율이 흘렀습니다. 사흘 전, 불침번을 서면서 기도했던 저의 기도에 대한 하나님의 정확하신 응답이었습니다. 하나님께서 저를 이곳에 보내셨다는 확신을 얻었습니다. 급하게 성경을 꺼내서 그 뒤를 읽어 보았습니다. "그는 뜻이 일정하시니 누가 능히 돌이키랴 그의 마음에 하고자 하시는 것이면 그것을 행하시나니 그런즉 내게 작정하신 일을 이루실 것이라"(욥 23:13-14) 너무나도 정확한 하나님의 응답이었습니다.

이런 확신이 서게 되니 어려운 군 생활이지만 이 시간을 헛되이 보낼 수 없다는 생각을 하게 되었습니다. 그 날로 계획을 세웠습니다. 제대하기 전까지 '100권의 책을 읽고 나가자'는 것이었습니다. 쉬는 시간 마다 책을 읽었습니다. 자대 배치를 받은 후에도 책을 읽었습니다. 고참들 중에는 "넌 책 읽으려고 군대왔니?"라고 묻는 사람도 있었습니다. 결국 제대할 무렵까지 약 2백여 권의 책을 읽을 수 있었습니다. 똑같은 군생활의 시간이지만 하나님의 뜻을 이해하고 나니 목표가 분명해졌고, 모든 사람이 힘들어 하는 고난의 시간일지라도 그것을 이겨나가는 힘이 생겼습니다. 역경과 고난의 시간이 저에게는 황금의 시간이 된 것입니다.

하나님의 뜻을 알게 되니 문제를 대처하는 나의 자세가 달라졌습니다. 또 자세가 달라지니 어려운 일들이나 사람들이 회피하는 지저분한 일들도 기쁜 마음으로 할 수 있었습니다. 그 모든 것이 앞으로의 목회생활에 꼭 필요한 일임을 알았기 때문입니다. 이런 일들을 통해 저의 모난 성격과 교만함까지도 하나님은 다듬기 시작하셨습니다. 군 생활은 하나님께서 저를 하나님의 사람으로 만들어 가기 위한 훈련소였던 것입니다. 그런 점에서 저의 군 생활은 선택이 아닌 필수 과정이었습니다.

저는 지금도 인생의 황금기가 언제였느냐고 누가 물으면 군 시절이라고 이야기 합니다. 세상의 사람이었던 제가 하나님의 종으로 다듬어지고 변화된 시간이었기 때문입니다. 이런 저의 경험은 지금 저의 목회 현장에서 매우 유용한 도구가 되고 있습니다. 군대 입대하는 청년들에게 제 경험을 이야기해 주고, 너희들도 꼭 목표를 세우고 그 목표를 이루도록 권면하면 많은 청년들이 용기를 냅니다. 그리고 하나님이 하실 일을 기대하며 군에 입대를 합니다. 그리고 제대하면서 자신도 50권, 어떤 청년은 100권의 책을 읽었다고 기뻐하는 모습을 볼 수 있습니다. 사람의 생각과 자세는 이렇게 중요합니다.

힘든 산을 넘은 사람은 자신도 모르게 힘이 생깁니다. 고된 훈련을 거친 사람은 그만큼 준비된 군인이 됩니다. 교만한 이야기 같지만 저는 큰 교회에서 기획목사로 만 10년 넘게 많은 일을 해왔습니다. 제가 감당하기 어려운 큰일들이 얼마나 많았는지 모릅니다. 또 담임목사님은 얼마나 정확하시고 꼼꼼하신지 그 앞에만 서면 제 자신이 한없이 작아졌습니다. 그러나 그렇게 하루하루를 지내다 보니 어느 틈에 기획이란 분야에 있어서는 전문가가 되었습니다. 담임목사님께 지적을 많이 당하면 당할수록 지나고 보니 그 모든 것이 저에게는 큰 교훈과 가르침이 되어 있었습니다. 이 모든 지식이 신학교에서는 배울 수 없는 것들이었습니다. 돈을 주고도 배울 수 없는 귀한 것들입니다. 지금와서는 그 때의 그 배움이 얼마나 감사하게 여겨지는지 모릅니다. 혹독하게 교육을 받으면 받을수록 자신감은 한층 더 커져만 갔습니다. 누가 지금 올림픽을 한번 기획해보라고 해도 겁이 나지 않습니다. 할 수 있을 것 같습니다. 높은 산을 한번 넘어본 사람은 웬만한 산을 넘는 것은 문제도 되지 않습니다. 사람이 어떤 위기를 경험 했느냐에 따라서 위기를 극복하는 힘의 정도가 달라지는 것입니다.

"하나님 왜 나에게만 큰 고난이 있습니까?"라고 질문을 하는 사람에게 하나님께서 이렇게 말씀하십니다. "내가 너를 큰 그릇으로 쓰려는 계획이 있다"

요셉은 노년에 얻은 아들이므로 이스라엘이 여러 아들들보다 그를 더 사랑하므로 그를 위하여 채색 옷을 지었더니 그의 형들이 아버지가 형들보다 그를 더 사랑함을 보고 그를 미워하여 그에게 편안하게 말할 수 없더라 창37:3-4

야곱에게는 사랑하는 아들들이 많았지만 그중에 제일 사랑했던 아들이 바로 '요셉'이었습니다. 11번째 아들이었던 요셉은 아버지의 사랑을 독차지한 까닭에, 다른 형제들과는 달리 늘 예쁘고 고급스러운 채색 옷을 입었습니다. 그러니 형들이 질투한 것은 당연한 일입니다. 어느 날 들에서 일하던 형들이 요셉을 죽이려고 모의하다가, 죽여서 무슨 소용이 있겠는가 싶어 지나가던 상인들에게 팔아버립니다.

자, 그를 이스마엘 사람들에게 팔고 그에게 우리 손을 대지 말자 그는 우리의 동생이요 우리의 혈육이니라 하매 그의 형제들이 청종하였더라 그 때에 미디안 사람 상인들이 지나가고 있는지라 형들이 요셉을 구덩이에서 끌어올리고 은 이십에 그를 이스마엘 사람들에게 팔매 그 상인들이 요셉을 데리고 애굽으로 갔더라 창37:27-28

귀한 가정에서 자란 요셉은 하루아침에 노예로 팔려가게 되었고, 낯선 땅에서 노예로서 혹독한 생활을 하게 됩니다. 이쯤 되면 정신치료를 받아도 한참을 받아야 할 정도로 우울증이나 정신분열

증 같은 고통을 당해야 할 것입니다. 그러나 요셉은 노예로 팔려갔지만 실망하거나 낙심하거나 인생을 비관하지 않았습니다. 요셉은 노예로 생활하는 중에도 끝까지 하나님을 경외하고 죄를 짓지 않으려고 노력했습니다. 어떤 상황에서도 하나님 말씀을 붙잡고 살아가려고 발버둥을 쳤습니다.

주인 보디발의 아내가 요셉을 유혹할 때에도 불이익을 당할 줄 알면서도 하나님 앞에 죄를 범할 수가 없어 보디발의 아내로부터 도망을 쳤습니다. 결국 누명을 쓰고 더 열악한 감옥 속에 갇히게 되었습니다. 만약 우리가 이런 상황에 처하게 된다면 "하나님, 불공평합니다. 하나님의 말씀을 지키려고 노력했으면 좋은 보상이 있어야지 어떻게 더 안 좋은 상황 속으로 저를 빠뜨리십니까?"라며 항변할 것입니다. 그러나 요셉은 그러지 않았습니다. 요셉은 어떤 상황 속에서도 자신을 향한 하나님의 계획이 있다는 것을 분명히 믿었습니다. 그래서 감옥 안에서도 불평하지 않고 열심히 최선을 다해서 간수장과 죄수들을 섬겼던 것입니다.

요셉의 이런 자세는 오늘 우리 신앙인들에게도 필요한 자세입니다. 달면 삼키고 쓰면 뱉는 태도는 신앙인으로서 옳은 자세가 아닙니다. 하나님은 이런 요셉을 눈 여겨 보셨고 결국 요셉에게 기회를 줍니다. 감옥 속에서 애굽 왕의 술 관원과 떡 관원을 만나게 하신 것입니다.

하루는 이 두 명의 관원들이 꿈을 꾸었는데, 그 꿈의 뜻을 서로 이해하지 못했습니다. 그 때 요셉은 하나님이 주신 지혜로 그 꿈을 정확하게 해석해 주었고, 이 일을 계기로 애굽 왕 앞에 서게 됩니다. 그리고 애굽 왕이 꾼 기이한 꿈도 정확히 해석해 줌으로써 하루아침에 애굽의 총리대신이 됩니다. 자신의 드라마 같은 인생 여정을 돌아보니 이 모든 역경의 시간들이 다 하나님의 인도하심이었다는 것을 깨닫게 됩니다. 흉년 중에 자신의 가족을 구원하기 위해 자신이 애굽으로 팔려갈 수밖에 없었다는 것을 알게 된 것입니다. 이 사실을 알고 나니 자신들을 팔아넘긴 형들이 밉지 않았습니다. 오히려 두려워하는 형들을 향해 위로의 말을 전합니다.

> 당신들이 나를 이곳에 팔았다고 해서 근심하지 마소서 한탄하지 마소서 하나님이 생명을 구원하려고 나를 당신들보다 먼저 보내셨나이다 이 땅에 이 년 동안 흉년이 들었으나 아직 오년은 밭갈이도 못하고 추수도 못할지라 하나님이 큰 구원으로 당신들의 생명을 보존하고 당신들의 후손을 세상에 두시려고 나를 당신들보다 먼저 보내셨나니 그런즉 나를 이리로 보낸 이는 당신들이 아니요 하나님이시라 하나님이 나를 바로에게 아버지로 삼으시고 그 온 집의 주로 삼으시며 애굽 온 땅의 통치자로 삼으셨나이다 창45:5-8

이 모든 시험 과정을 통해 기근 중 부모와 형제를 살리시는 하나님의 섭리, 즉 합력해서 선을 이루시는 하나님의 섭리를 요셉은 분명히 경험한 것입니다. 하나님의 섭리를 경험한 요셉은 한층 더 성숙해졌습니다. 자신이 당한 고난의 시간까지도 다 감사함으로 하나님께 영광 돌리게 된 것입니다.

우리도 마찬가지입니다. 나 혼자 남겨진 것 같고, 하나님이 나를 버리신 것 같고, 위기 가운데 방치된 것처럼 보인다 해도, 지나고 보면 결국 하나님의 인도하심이고 도우심이라는 것을 체험하게 됩니다. 때로 고난이 있고 어려움이 있어도 거기에는 분명히 하나님의 뜻과 섭리가 있다는 것을 믿음의 눈으로 볼 수 있는 성도가 되어야 됩니다.

> 그러나 내가 가는 길을 그가 아시나니 그가 나를 단련하신 후에는 내가 순금같이 되어 나오리라 욥23:10

순금이 되려고 하면 1천도가 되는 뜨거운 불속에 여러 번 들어갔다 나왔다 해야 합니다. 그래야 불순물들이 다 제거가 되고 금만 남습니다. 성도들도 순금 같은 그리스도인이 되려고 할 때 그냥 되는 것이 아닙니다. 성경에 등장하는 '욥'이라는 인물은 '고난의 대명사' 처럼 불리는 사람입니다.

아무런 문제가 없이 유복한 생활을 누리던 욥이 하루아침에 모진 고난을 당하니까 친구들이 와서 그를 괴롭힙니다. 욥이 겉으로는 신실해 보여도, 보이지 않는 곳에서는 죄를 짓기 때문에 이런 고난을 당하게 된 것이라고 참소했습니다. 욥은 그런 친구들의 말을 들을 때 서운하고 속이 상했습니다. 자신은 죄를 짓지 않았건만 오해를 받게 되니 마음이 아플 수밖에 없었던 것입니다. 그러나 감사하게도 욥의 이야기는 욥이 오해받는 것으로 끝나지 않습니다. 욥은 이런 고통의 과정을 통해 한층 더 깊은 신앙의 단계에 이르게 됩니다. 그 결과 욥은 이런 고백을 하게 됩니다.

> 내가 주께 대하여 귀로 듣기만 하였사오나 이제는 눈으로 주를 뵈옵나이다 욥42:5

신앙의 차원이 달라져 버린 것입니다. 그리고 잃어 버렸던 모든 것의 갑절의 축복을 다시 회복하게 됩니다. 고난에는 분명한 하나님의 뜻과 계획하심이 있습니다. 그것을 믿고 고난에 대처해 나가야 합니다. 그럴 때 내 인생의 모든 것들이 하나님의 인도하심이었고 섭리였다는 것을 깨닫게 됩니다. 귀로 듣기만 하던 하나님을 눈으로 보게 됩니다.

한쪽 문이 닫히면 반드시 또 다른 쪽 문이 열립니다

하나님은 한쪽 문이 닫히면 다른 쪽 문을 열어 주십니다. 아니, 다른 쪽으로 인도하시기 위해 원래의 문을 닫으시는 것으로 보는 것이 더 타당할 것 같습니다. 문이 닫혔기 때문에 대안으로 다른 문을 열어주시는 것이 아닙니다. 하나님은 피동적으로 일하시는 하나님이 아니시기 때문입니다.

　그 어떤 부모도 자녀가 잘못되거나 곤란한 상황에 이르도록 인도하는 부모는 없습니다. 우리가 잘 아는 '이랜드' 라는 대기업의 박성수 회장은 교회를 잘 섬기는 장로님이신데, 처음부터 경영이나 기업을 한 분이 아닙니다. 원래 학원 강사를 하던 분이었습니다. 그런데 1980년대 초, 과외수업과 학원을 폐지시키는 정책 때문에 실업자가 되어야 했습니다. 아무런 준비도 되어 있지 않은 상황에서 직장을 잃게 되니 생계가 막막해졌습니다. 살길이 다 막힌 것처럼 느껴졌습니다. 이런 지경에 이르게 되니 매일 자신이 살던 전세집 옥상에 올라가서 하나님께 기도를 드리기 시작했습니다. 그리고 새로이 시작한 것이 옷가게였습니다.

　이화여자대학교 앞에 작은 옷가게를 마련했습니다. 좋은 품질의 옷을 싼 가격에 판매를 하면 사람들에게 기쁨을 주고 유익을 주는 길이라고 생각했습니다. 큰돈을 벌기 위한 목적보다 하나님께 영광이 되고, 사람들에게 기쁨을 주는 일을 시작한 것입니다. 이런 마음으로 옷가게를 시작하니 하나님이 축복하셨습니다. 여러 가지 어려운 여건 속에서도 하나님의 말씀대로 경영하려고 애를 썼습니다. 아무리 어려워도 정직하려고 애쓰고, 또 사람들에게 기쁨을 주려고 노력하니 날이 갈수록 하나님이 더욱 복에 복을 더하셨습니다. 지금은 엄청난 대기업이 되었습니다. 이 모든 과정을 돌아보니, 박성수 장로님이 학원에서 직장을 잃은 것은 하나님이 생계의 문을 닫으신 것이 아니라, 또 다른 축복의 문을 여시기 위한 하나님의 인도하심이었던 것입니다.

제가 섬기던 교회에 기업을 운영하시던 장로님이 계셨는데 이분은 교회를 너무나 사랑하셔서 늘 교회에서 살다시피 하시던 분이었습니다. 하루는 제가 "장로님은 사업장에는 안 나가세요?"라고 묻자, 그 장로님은 웃으면서 "아, 우리 회사는 직원들이 다 알아서 해요. 저는 교회일 하는 게 너무 좋고 감사해요"라고 말씀하셨습니다. 정말 세상일보다 교회 일을 즐거워하시던 분이었습니다.

그러던 어느 날 저를 찾아 오셔서, 회사를 정리하고 작은 사무실을 개업했으니 시간되시면 와서 예배를 인도해 달라고 부탁을 하시는 것이었습니다. 큰 빌딩을 가지고 계시던 분이 작은 사무실로 옮기셨기에 '회사가 어려운가 보다' 생각했습니다.

시간이 지나 일본을 함께 갈 일이 있어 이 장로님과 동행을 하게 되었는데, 비행기 안에서 저에게 간증할 것이 있다는 것이었습니다. 그 당시 장로님은 회사에 안 있고 늘 교회에 있으니까 회사 직원들이 농간을 부려서 사업이 어려워졌고 결국 정리할 수밖에 없는 상황이 되었다고 합니다. 많이 낙심이 되더랍니다. '내가 주의 일을 이렇게 열심히 했는데 왜 이런 일이 일어났을까?' 하는 생각이 들었다고 합니다. 아파트 옥상에도 몇 번이나 올라갔다고 합니다. 어느 날, 마음을 단단히 먹고 옥상에 다시 올라갔는데, 갑자기 마음속에 "네가 여기서 뛰어내릴 용기가 있으면 다시 새로 시작하면 되지"하는 생각이 들었습니다. 그래서 정신을 차리고 일본 거래처에 가서 사정 이야기를 하니, 의리가 있는 회장인지라 앞으로 모든 거래는 당신하고만 하겠다고 약속을 하더랍니다. 독점계약을 하게 된 것입니다. 그 결과 지금은 예전보다 두 배의 수익을 올리게 되었다고 합니다. 그리고 얼마 지나지 않아 한국에 IMF가 터졌고, 여러 기업들이 도산하고 무너졌습니다. 그러나 이 장로님은 이미 모든 것을 정리한 터라 IMF 영향을 받지 않을뿐더러 오히려 더 유익한 상황이 되었습니다. 어려움을 당할 당시에는 하나님이 길을 막는 것 같아 못내 서운한 마음도 있었지만, 지나고 보니 하나님이 피할 길을 주시면서 다른 축복의 길을 열어 주셨다는 것입니다.

우리의 고난에는 하나님의 계획하심이 있습니다. 그리고 그 고난을 통해서 하나님은 우리를 축복하십니다. 어려움이 있고 힘든 일이 있으십니까? 그럴 때 일수록 하나님을 더욱 신뢰해야 합니다. 두려운 마음을 하나님을 향한 신뢰로 바꿔야 합니다. 신앙생활을 하다 보면 아무 것도 없는 광야에 홀로 버려진 것 같이 느껴질 때가 있습니다. 이 때 스스로의 연민가운데 빠져서 신세한탄이나 하고 있으면 안 됩니다. 뭔가 하나님이 새로운 일을 하고 계시고, 나를 통해 이루시려는 뜻이 있음을 생각해야 합니다. 광야 생활 중에 늘 불평하고 원망했던 이스라엘 백성의 모습이 나의 모습이 되어서는 안 됩니다.

하나님이 이스라엘 백성들을 출애굽 시키실 때, 이스라엘 백성들은 푸른 꿈을 안고 나왔습니다. 그러나 그들을 기다리고 있던 것은 젖과 꿀이 흐르는 가나안이 아니라 아무 것도 없는 황량한 광야였습니다. 하나님은 축복의 땅, 약속의 땅에 들어가기 전에 광야의 길을 거치게 하셨던 것입니다. 그러자 이스라엘 백성들이 불평과 원망을 합니다. 새로운 지휘관을 세워 애굽으로 돌아가려고 했습니다. 자신들의 생각과 달랐고, 자신들이 기대했던 것과 달랐기 때문입니다. 그러나 이스라엘 백성들이 다시 애굽으로 돌아가는 것은 하나님의 뜻이 아니었습니다. 하나님은 광야 생활을 통해서 하나님을 의지하는 방법을 가르치셨던 것입니다.

광야는 고난의 길이 아니라 축복의 땅 가나안으로 들어가는 통로입니다. 광야를 거쳐야 가나안으로 가지, 광야를 거치지 않고 가나안으로 들어가는 방법은 없습니다.

오늘 우리도 광야 같은 인생여정을 살고 있다면, 그것은 약속의 땅 가나안으로 잘 가고 있다는 증거입니다. 하나님은 축복의 땅, 약속의 땅 가나안에서 행복을 누리는 축복 백성을 만들기 위해 광야에서 이스라엘 백성들을 다듬으시고 정금 같은 믿음의 사람이 되게 하셨던 것입니다. 광야의 여정을 통해 하나님만 바라보는 법을 배우게 하고, 하나님의 백성이라는 이름을 붙이기에 부족함이 없는 민족을 만드신 것입니다. 그리고 결국 가나안을 차지하는 백성이 되게 하셨습니다. 지금 내 인생의 문이 닫혀 있다고 생각하십니까? 믿음을 가지고 낙심과 염려, 두려움의 자리에서 일어나야 합니다. 하나님은 분명히 다른 쪽 문을 열어 두고 계심을 알아야 합니다.

나의 두 눈이 아닌, 믿음의 눈으로

우리는 육신의 눈이 아닌 믿음의 눈을 가져야 합니다. 육신의 눈으로 보는 것과 믿음의 눈으로 보는 것은 큰 차이가 있습니다. 육신의 눈으로 보면 모든 것이 절망적이고 위태해 보입니다. 그러나 믿음의 눈으로 보면 그 문제를 다스리시는 하나님이 보입니다. 육신의 눈을 닫고 믿음의 눈을 열면 절망의 위치에서도 희망이 보이기 시작합니다. 그리스도인은 희망을 바라보며 사는 사람입니다. 욥은 환난과 고통 속에서 친구들의 조롱과 비난을 당했지만 낙심하지 않았습니다. 하나님이 이 고난의 과정이 지난 후에 자신을 정금같이 되게 하신다는 것을 믿었기 때문입니다.

그는 뜻이 일정하시니 누가 능히 돌이키랴 그의 마음에 하고자 하시는 것이면 그것을 행하시나니 그런즉 내게 작정하신 것을 이루실 것이라 이런 일이 그에게 많이 있느니라 욥23:13-14

하나님은 뜻하신 바를 이루시는 분이십니다. 그 누구도 하나님의 뜻을 돌이킬 수는 없습니다. 하나님은 우리 한 사람 한 사람을 통해 이루시고자 작정하신 일을 반드시 이루시는 하나님이십니다. 세상 그 누구도 하나님의 계획 속에 없는 사람은 없습니다. 모든 사람은 다 하나님의 계획과 목적 속에 만들어진 존재입니다. 이 믿음을 가진 사람은 어떤 위기가 와도 절망하지 않고 쓰러지지 않습니다. 고난이 몰려올 때 믿음으로 맞서야 합니다. 그러면 백번 싸워도 백번을 승리하게 됩니다.

CHAPTER 04

진짜 믿음을 소유하셨습니까?

진짜 믿음을 소유하셨습니까?

우리 그리스도인들은 믿음에 대해서 매우 잘 안다고 생각합니다. 그래서 늘 '믿음을 가져라', '믿음으로 승리해라' 라고 이야기를 합니다. 그러나 사실은 믿음에 대해서 잘못 알고 있는 경우들이 많습니다. 믿음이 무엇인지 제대로 알아야 믿음으로 세상을 이길 수 있습니다.

성경에서 말하는 믿음이 자기 확신?

성경에서 말하는 믿음은 '자기 확신'이 아닙니다. '나도 할 수 있다'라는 자기 신념은 절대 성경이 가르치는 믿음이 아닙니다. 성경에서 이야기 하는 믿음은 하나님을 믿고 하나님을 신뢰하는 믿음입니다. 이 믿음을 가지게 될 때 세상을 이기신 예수님처럼 우리도 세상을 이기게 됩니다. 찬송가 중에는 이런 가사가 있습니다. '울어도 못하네 눈물 많이 흘려도...' 맞습니다. 세상을 살다 보면 눈물 흘릴 일이 많이 있는데 운다고 문제가 해결되는 게 아닙니다. 2절을 보면 '힘써도 못하네' 라고 되어 있습니다. 어쩌면 그렇게 찬송가 가사가 잘 맞는지 모르겠습니다. 울어도 안 되고 힘써도 안 되고, 3절은 '참아도 못하네' 입니다. 참고 인내하고 좀 견뎌보기 위해 이를 악문다고 되지 않습니다. 4절은 '믿으면 하겠네' 입니다. 우리 인생에 있어서 문제를 해결하는 열쇠는 믿음이라는 것입니다. 저는 이 찬송을 부를 때마다 '그렇지! 믿으면 되지!' 라는 생각을 하며 힘을 얻고는 합니다. 하나님을 믿는 믿음을 가지게 될 때 살아갈 힘과 소망을 얻게 됩니다.

그리스도인도 가짜가 있다?

저는 예배 시간이면 항상 모든 순서에 집중하며 예배를 잘 드리려고 애를 쓰는 편입니다. 어느 날인가 저녁예배를 드릴 때였습니다. 그 날도 설교 말씀에 집중하며 예배를 드리고 있는데, 빨간 카펫 위에 유난히 반짝 거리는 금반지 하나가 눈에 들어왔습니다. 자꾸만 시선이 금반지로 향했고, 저는 예배가 끝나자마자 벌떡 일어나 그 반지를 집어 들었습니다. 그런데 그렇게 아름답게 반짝거리던 것은 금반지가 아니라 식빵 봉지를 묶는 노란 끈이었습니다. 식빵봉지 묶는 끈이 그렇게 반짝인다는 것을 그 때 처음 알았습니다. 그것을 보며 이런 생각을 하게 되었습니다. '반짝인다고 다 금이 아니구나! 그렇다면 교회를 오가며 신앙생활을 한다고 생각하는 분들도 다 진짜 그리스도인들이라고 할 수 있을까? 만약에 그리스도인들도 진짜와 가짜가 있다면 어떤 그리스도인이 진짜 그리스도인일까?

여러분들의 생각은 어떻습니까? 어떤 그리스도인이 진짜 그리스도인일까요? 물론 여러 가지를 말할 수 있겠지만 가장 중요한 것은 '믿음'입니다. 천지를 창조하신 하나님을 믿고, 내 죄를 대속하신 예수님을 믿고, 성령의 도우심을 믿어야 그리스도인이 되는 것입니다. 아무리 착하게 살고, 선하게 살고, 열심히 봉사하며 살아도 이 믿음이 없다면 그리스도인이라 할 수 없습니다.

> 보라 그의 마음은 교만하며 그 속에서 정직하지 못하나 의인은 그의
> 믿음으로 말미암아 살리라 합2:4
> 복음에는 하나님의 의가 나타나서 믿음으로 믿음에 이르게 하나니
> 기록된바 오직 의인은 믿음으로 말미암아 살리라 함과 같으니라
> 롬1:17

우리 믿음의 첫 출발점은 하나님이 살아계신 것을 믿는 것입니다. 때로 교회에 다니는 분들 중에는 하나님이 살아 계시다는 것을 믿지 않는 분들이 있습니다. 그런 분들을 뵈면 얼마나 안타까운 마음이 드는지 모릅니다. 살아계신 하나님은 어제나 오늘이나 영원토록 동일하십니다. 성경에 기록된 대로 기적을 행하시고 우리 역사를 주관하시는 분이십니다.

이 사실을 믿고 신앙생활을 하는 사람과 그렇지 못한 사람은 살아가는 모습이 다릅니다. 다른 방식으로 사니까 삶의 열매도 달라집니다. 때로는 어렵고 견디기 힘든 일이 있어도 믿음을 가지고 사는 사람은 문제 앞에서 두려워하지 않습니다. 그래서 문제에 도전하게 되고 결국 문제를 해결하게 됩니다. 두려움과 염려 속에 아둥바둥하며 사는 것이 아니라 하나님의 도움으로 살아갑니다. 전쟁은 하나님께 속하였다는 성경의 말씀처럼 전쟁터 같은 우리 삶도 하나님께 속한 것입니다.

> 여호와께서 아브라함에게 이르시되 너는 너의 고향과 친척과 아비 집을 떠나 내가 네게 보여줄 땅으로 가라 창12:1

일반적으로 '믿음'을 이야기 할 때 생각나는 사람이 있습니다. '아브라함'입니다. 아브라함은 철저히 하나님을 신뢰하고 믿었던 사람입니다. 그 누구도 75세의 나이에 뭔가를 새롭게 시작한다는 것은 어려운 일입니다. 그러나 아브라함은 "하나님, 제가 이 나이에 어딜 가서 무엇을 하란 말입니까? 나는 할 수 없습니다"라고 말하지 않았습니다. 인간적인 생각, 판단, 경험들을 모두 내려놓고 하나님의 말씀에 순종하여 집을 떠난 것입니다. 하나님은 아브라함의 그런 믿음을 귀하게 보셨고, 아브라함의 일생을 돌보시며 인도해 주셨습니다. 살아계신 하나님이 내 인생을 주관하고 계신다는 것을 분명히 믿는 사람들은 아브라함처럼 어떤 상황 속에서도 하나님의 말씀에 순종하게 되어 있습니다. 그리고 하나님은 그런 믿음의 사람에게 기적으로 역사하십니다.

> 모세가 바다 위로 손을 내밀매 여호와께서 큰 동풍이 밤새도록 바닷물을 물러가게 하시니 물이 갈라져 바다가 마른 땅이 된지라 이스라엘 자손이 바다 가운데를 육지고 걸어가고 물은 그들의 좌우에 벽이 되니 출14:21-22

출애굽한 이스라엘 백성들의 앞을 가로막은 첫 장애물은 홍해바다였습니다. 바다가 가로막혀 있으니 앞으로 나갈 수 없는 상황인데, 뒤에서는 애굽의 군사들이 이스라엘 백성들을 잡으려고 몰려오고 있었습니다. 이러지도 저러지도 못하고 있는 이스라엘 백성들 앞에서 하나님은 모세에게 명령하셨습니다. 홍해 앞으로 나가서 지팡이를 들고 손을 바다 위로 내밀어 그것이 갈라지게 하라는 것이었습니다. 세상적으로는 납득할 수 없는 말씀이었습니다. 순종하기 어려운 것을 하나님은 요구하신 것입니다. 큰 바다 앞에서 지팡이를 들고 손을 펼치면 바다가 갈라질 것이라 생각하는 사람은 없습니다. 그런데 모세가 그 일을 해야 하는 상황이 되었습니다. 하나님의 명령이니 안 할 수도 없습니다. 또 막상 그렇게 하자니 백성들의 조롱소리가 귀에 들리는 듯합니다.

그러나 믿음의 사람이었던 모세는 사람들의 눈을 의식하지 않고 하나님의 말씀을 따라 홍해 바다 앞에 섰습니다. 그리고 말씀하신 대로 손을 바다 위로 펼쳤습니다. 대부분의 성도님들은 홍해바다가 기적적으로 한 순간에 갈라졌다고 생각하지만, 성경에 보면 그렇게 된 것이 아닙니다.

출애굽기 14장 21절에 의하면, 모세가 바다 위로 손을 내 밀 때 큰 동풍이 밤새도록 불었습니다. 바닷물은 한 순간 갈라진 것이 아니라, 밤새도록 조금씩 물러가다가 결국 마른 땅이 드러나게 된 것입니다.

결국 홍해바다는 갈라졌지만 밤새 모세의 마음은 어떠했을까요? 또 모세의 모습을 바라보는 이스라엘 백성들은 무슨 생각을 했을까요? "저런 말도 안 되는 일을 하는 사람을 우리가 지도자로 여기며 저 사람의 말을 따라야 하는가?" 아마도 이런 생각을 하지 않았을까요?

모세는 백성들의 이런 비아냥거림을 알았습니다. 그러나 모세는 사람들이 뭐라 말하든 하나님이 시키신 일을 그대로 순종했습니다. 그 결과 기적은 일어난 것입니다. 이런 기적적인 체험은 믿음의 사람들에게 큰 교훈을 줍니다. 하나님의 기적은 사람들의 생각을 초월합니다. 또 사람들의 눈에는 답이 없어 보이지만, 하나님의 눈에는 모든 것이 해답이라는 것을 알게 해 줍니다. 그러니 이런 믿음을 가진 사람들은 주위 사람들의 이야기나 비아냥거림에 흔들리지 않습니다. 이런 사람이 진짜 그리스도인입니다.

오늘 우리도 모세와 같은 믿음의 사람이 되어야 합니다. 하나님은 지금도 우리에게 기적을 베풀기 원하시는 하나님이십니다. 그러나 하나님은 그런 기적을 보이시기 위해 먼저 믿음의 사람을 찾습니다. 믿음이 기적을 일으키는 부싯돌이기 때문입니다.

때로 세상적인 지식도 유용하고, 필요합니다. 그러나 그것이 하나님의 말씀을 앞설 수는 없습니다. 하나님의 말씀 앞에서는 그 모든 것을 내려 놓아야 합니다. 인간의 지식이나 경험을 초월하는 믿음, 지금 내 생각으로는 이해가 안 될지라도 하나님이 말씀하시니 그 말씀이 옳다고 생각하며 말씀에 순종하는 사람에게 하나님은 기적으로 역사하십니다. 이렇게 하나님 앞에서 쓰임 받는 사람이 진짜 믿음의 사람입니다.

세상의 눈이 아닌 믿음의 눈으로

하나님께서는 아브라함을 '복'이 되게 하셨습니다.(창12:2) 이 말은 한국의 전통적 표현으로 바꿔보자면, 예전에 어른들이 많이 사용하시던 '복덩어리'라는 말입니다. 주로 어르신들이 집안에 좋은 며느리가 들어오면 "우리 집에 복덩어리로 들어와서 우리 집이 잘 되는구나. 남편과 자녀들을 다 잘 되게 하니 네가 복덩어리로구나"라고 말합니다.

창세기 12장의 말씀은 하나님이 아브라함을 세상의 복덩어리가 되게 하시겠다고 약속하신 말씀입니다. 복덩어리인 아브라함 덕분에 함께 따라 다니던 조카 '롯'도 복을 받았습니다. 시간이 흘러가니 아브라함도 부자가 되고, 롯도 부자가 되었습니다. 그러자 아브라함의 목자들과 롯의 목자들이 자기 양떼에게 물을 먹이기 위해 다투는 일이 잦아졌습니다.

그 모습을 좋게 보지 않은 아브라함은 이제 롯과 헤어지기로 결단을 합니다. 그리고 조카 롯을 불러 이렇게 말합니다.

> 아브라함이 롯에게 이르되 우리는 한 친족이라 나나 너나 내 목자나 서로 다투게 하지 말자 네 앞에 온 땅이 있지 아니하냐 나를 떠나가라 네가 좌하면 나는 우하고 네가 우하면 나는 좌하리라 창13:8-9

아브라함은 "나는 삼촌이고 너는 조카이니 내가 먼저 결정할게"라고 말하지 않았습니다. 오히려 선택권을 조카인 롯에게 먼저 줍니다. 네가 우편 땅을 택하면 나는 좌편 땅을 택하고, 네가 좌편 땅을 택하면 나는 우편 땅을 택할 것이라고 말합니다. 그러자 롯이 눈을 들어서 어느 땅이 좋은 땅인지를 봅니다. 그리고 살기 좋아 보이는 기름진 땅을 선택합니다.

> 이에 롯이 눈을 들어 요단 지역을 바라본즉 소알까지 온 땅에 물이 넉넉하니 여호와께서 소돔과 고모라를 멸하시기 전이었으므로 여호와의 동산 같고 애굽 땅과 같았더라 창13:10

롯은 애굽 땅처럼 물이 많고 좋은 땅을 골랐습니다. 세상적인 관점으로 보면 좋은 땅입니다. 그러나 그 땅은 머지않아 하나님이 심판하실 죄악의 땅, 소돔과 고모라였습니다. 롯은 믿음과 지혜가 없었던 탓에 멸망하게 될 소돔과 고모라 땅을 택한 것입니다.

> 여호와께서 하늘 곧 여호와께로부터 유황과 불을 소돔과 고모라에 비같이 내리사 그 성읍과 온 들과 성에 거주하는 모든 백성과 땅에 난 것을 다 엎어 멸하셨더라 창19:24-25

세상 사람들은 눈으로 보기에 좋은 것을 선택합니다. 그러나 그렇게 선택을 하면 낭패를 당하기도 합니다. 롯의 선택이 그것을 말해 주고 있습니다.

반면 아브라함은 "네가 좌편을 택하면 나는 우편을 택하고 네가 우편을 택하면 나는 좌편을 택할게"라고 이야기를 합니다. 아브라함이 그렇게 한 것은 어리석어서가 아닙니다. 아브라함은 자신이 어떤 땅을 택하든 복을 주시는 분은 하나님이신 것을 믿었기 때문입니다. 하나님이 함께 하시면 자신이 아무리 척박한 땅을 선택한다 해도 하나님은 그곳에서 열매를 풍성하도록 맺게 하신다는 것을 아브라함은 알았던 것입니다. 세상에서 어떤 일을 선택할 때, 아브라함은 육신의 눈을 감고 믿음의 눈을 열어 세상을 본 것입니다.

두려움이 담대함으로

우리는 세상을 살아갈 때, 하나님이 살아 계시고 우리와 항상 함께 하신다고 고백하면서도 늘 염려하고 두려워합니다. 때로는 하나님이 늘 바쁘시고 할 일도 많으신데 내 문제까지 신경 쓰실 수 없으실 거라고 생각하기도 합니다. 그래서 하나님이 내 문제를 해결해 주실 것이란 기대를 하지 않고 살아갈 때가 많습니다. 그러다보니 하나님을 믿고 신뢰해야 하는 결정적인 순간에 하나님이 아닌 다른 방법을 선택합니다. 하나님을 의지하기 보다는 세상적인 온갖 방법을 다 동원해서 문제를 해결해 보려고 애를 씁니다.

문제는 그렇게 해결되는 것이 아닙니다. 지혜로운 사람은 세상의 방법이 아니라 아브라함의 방법을 선택합니다. 즉, 하나님이 해답이라는 믿음입니다. 척박한 땅에서도 열매를 맺게 하시는 하나님, 광야에 길을 내시고 사막에서 조차도 강물을 흐르게 하시는 하나님을 분명히 신뢰해야 합니다.(사43:19)

모세의 뒤를 이은 지도자 여호수아에게는 큰 부담이 있었습니다. 유능한 지도자 모세의 뒤를 잇는다는 것이 어찌 쉬운 일이겠습니까? "내가 잘 할 수 있을까?" "사람들이 비난하면 어떻게 하지?" 별별 생각이 그를 두렵게 만들었을 것입니다. 그런 여호수아에게 하나님께서는 이렇게 말씀하셨습니다.

네 평생에 너를 능히 대적할 자가 없으리니 내가 모세와 함께 있었던 것 같이 너와 함께 있을 것임이니라 내가 너를 떠나지 아니하며 버리지 아나하리니 강하고 담대하라 너는 내가 그들의 조상에게 맹세하여 그들에게 주리라 한 땅을 이 백성에게 차지하게 하리라
수1:5-6
내가 네게 명령한 것이 아니냐. 강하고 담대 하라. 두려워하지 말며 놀라지 말라 네가 어디로 가든지 네 하나님 여호와가 함께 하리라
수1:9

모세의 뒤를 이을 자신이 없었던 여호수아에게 하나님은 하나의 큰 비밀을 말해줍니다. 위대한 모세 때문에 너무 위축되지 말라는 것입니다. 모세가 위대한 지도자가 될 수 있었던 것은 모세가 잘나서가 아니라 하나님이 모세를 도와 주셨기 때문이라는 비밀을 지금 여호수아에게 말해주고 계십니다. 그러니 하나님이 모세와 함께 하신 것처럼 너와도 함께 하시면, 너도 모세처럼 잘 할 수 있다는 것을 가르쳐주고 계십니다. 단지 너에게 지금 필요한 것은 하나님을 신뢰하는 마음이고, 그러니 어떤 상황이든 그 마음으로 강하고 담대해야 한다고 권면하고 계십니다.

하나님은 당신의 사람을 사용하실 때 항상 생각을 먼저 바꾸셨습니다. 모세도 처음에는 하나님의 말씀대로 애굽에 돌아갈 수 없다고 했었습니다. 그 때도 하나님은 모세를 설득하셨습니다. 즉 하나님이 함께 하실 것이고, 하나님이 함께 하시면 놀라운 기적이 일

어날 것을 알게 하신 것입니다. 그리고 지팡이가 뱀이 되는 것과 모세의 손에 문둥병이 발하는 것을 보여 주셨습니다. 이렇게 놀라운 능력을 행하시는 하나님이 너와 함께 할 것이니 두려워하지 말고 가라는 것이었습니다.

하나님은 또 다시 두려워하고 주저하는 여호수아에게 모세에게 그러셨던 것처럼 생각을 바꾸어 주셨습니다. 그러자 여호수아는 하나님의 말씀에 의지하여 담대하게 백성의 관리들에게 명령을 내립니다. 이에 백성의 관리들이 그에게 순종하며 말합니다.

> 우리는 범사에 모세에게 순종한 것같이 당신에게 순종하려니와 오직 당신의 하나님 여호와께서 모세와 함께 계시던 것 같이 당신과 함께 계시기를 원하나이다 수1:17

모세와 함께 하셨고, 또 여호수아와 함께 하신 하나님이 오늘도 우리와 동일하게 함께 하십니다. 우리가 성경을 읽는 이유가 바로 여기에 있습니다. 성경의 하나님이 나와 상관이 없다면 성경을 읽을 필요가 없습니다.

하나님은 지금도 살아 역사하시며 우리와 함께 하십니다. 하나님 때문에 모세가 승리했고, 하나님 때문에 여호수아가 승리했다면 오늘 우리도 하나님과 함께 함으로 어떤 어려움과 역경 속에서도 승리하게 됩니다.

내가 아닌, 보이지 않는 하나님을 믿기

사람들이 하나님을 신뢰하지 못하는 이유는 하나님에 대한 확신이 없기 때문입니다. 그리고 하나님에 대해 분명한 확신을 가지지 못하는 이유는 두 가지 때문인데, 그 중 하나가 눈으로 하나님을 확인할 수 없다는 것입니다. 사람들은 늘 눈에 보이는 것을 믿으려고 합니다.

그러나 사실 일반 사람들이 하나님을 경험할 수 있는 경우는 극히 드뭅니다. 하나님은 영이시기에 볼 수도 없고, 만질 수도 없기 때문입니다. 진짜인지 거짓말인지 확인할 길이 없는데 믿으라고 하니 속는 것 같은 기분이 듭니다. 그래서 믿음을 선택해야 하는 기로에서 사람들은 확신을 가지지 못하고 흔들리게 됩니다.

또 다른 이유는 학교에서 잘못 가르치기 때문입니다. 사람들은 학교에서 가르치는 것이 진리이고, 교회에서 가르치는 것은 비진리라고 생각을 합니다. 사람은 티끌과도 같은 존재이면서 자신들이 아는 것이 세상의 전부라고 생각을 합니다. 납득할 수 없는 것은 없는 것으로 간주합니다. 이것이 사람의 한계요, 어리석음입니다.

> 그러나 하나님께서 세상의 미련한 것들을 택하사 지혜 있는 자들을 부끄럽게 하시고 고전1:27

하나님은 하나님의 지혜를 가진 사람들을 통해서 세상의 지혜로운 사람들을 부끄럽게 하신다는 말씀입니다. 하나님의 지혜를 가진 사람이란 하나님께서 살아 계시고 역사를 주관하신다는 것을 믿는 자입니다. 세상에서는 이런 사람들을 미련하고 어리석게 여깁니다. 그러나 세상은 자신들이 틀렸다는 것을 곧 알게 될 것입니다. 인간의 지혜와 지식이라고 하는 것이 어디까지 미치겠습니까? 욥이 고난을 당하면서 하나님께 묻습니다. "하나님, 왜 내가 이런 고난을 당해야 합니까?" 그러자 하나님께서 이렇게 대답하셨습니다.

> 내가 땅의 기초를 놓을 때에 네가 어디 있었느냐 네가 깨달아 알았거든 말할지니라 누가 그것의 도량법을 정하였는지 누가 그 줄을 그것의 위에 띄웠는지 네가 아느냐 그것의 주추는 무엇 위에 세웠으며 그 모퉁잇돌은 누가 놓았느냐 욥38:4-6

인간의 지식은 "왜?"라는 질문을 끊임없이 쏟아내지만, 하나님은 그 질문에 직접 답하지 않으십니다. 왜냐하면 우리는 그 섭리와 이치를 다 깨달아 알 수 없는 존재이기 때문입니다. 하나님은 세상의 질문을 통해 하나님의 존재여부를 확인하려는 방식을 즐거워하지 않습니다. 하나님이 기뻐하시는 것은 세상을 창조하시고 우리 인간을 지으신 그 하나님을 인정하고, 하나님의 인도하심을 따라 사는 것을 기뻐하십니다. 사람이 아무리 그럴듯한 이유와 설명으로 하나님은 존재하지 않는다고 주장한다고 해서 살아계신 하나님이 '없는 존재'가 되는 것이 아니기 때문입니다. 피조물인 인간이 창조주이신 하나님의 존재를 운운하는 것은 그 자체가 모순입니다.

> 이러므로 우리가 하나님께 끊임없이 감사함은 너희가 우리에게 들은 바 하나님의 말씀을 받을 때에 사람의 말로 받지 아니하고 하나님의 말씀으로 받음이니 진실로 그러하도다 이 말씀이 또한 너희 믿는 자 가운데에서 역사하느니라 살전2:13

사도 바울이 데살로니가 교회 성도들에게 권면하는 말씀입니다. 전하는 사람도 중요하지만 믿음으로 그 말씀을 받는 사람이 더 중요하다는 뜻입니다.

저희 교회에 건장한 남자 권사님이 계셨습니다. 그런데 이 분이 어느 날 오시더니 "목사님, 복막암이래요"라고 말씀하시며 걱정을 합니다. 처음에는 위암으로 수술을 하셨는데 이제는 복막암으로 전이가 된 것입니다. 일반적으로 복막암에 걸리면 수술도 할 수 없고, 3개월 정도 살다 죽을 수밖에 없다고 합니다. 병원에서는 이 권사님에게 "소망이 없으니 이제 마지막을 준비하라"고 이야기 했습니다. 점점 여러 합병증도 오기 시작했습니다. 남자분인데 이제는 유방암으로까지 전이가 되었습니다.

하루하루 마음이 조급해지니, 어느 날 기도해 달라고 저를 찾아오셨습니다. 안타까운 마음에 간절히 그 분을 위해서 기도했습니다. 기도가 끝나자 갑자기 이 권사님이 벌떡 일어나시면서 뜻밖의 말씀을 하셨습니다. "목사님, 저 지금 다 나았습니다"

저는 이 말에 걱정이 되었습니다. "권사님, 병원에 가셔서 진찰도 받고 약도 드셔야 합니다"라고 말씀 드렸습니다. 그런데 그 뒤로도 이 분은 저만 보면 "목사님, 저는 이제 다 나았습니다"라고 하시는 것입니다. 한편으로는 염려가 되면서도, 다른 한편으로는 그분의 순수한 믿음이 감사하게 여겨졌습니다.

　　그리고는 시간이 흐르는데 병원에서 이야기한 3개월이 지나고, 6개월, 1년, 2년이 지났습니다. 이 권사님은 돌아가신 것이 아니라, 여전히 건강한 모습으로 언제 그랬냐는 식으로 신앙생활에 전념하셨습니다. 2년이 지나도 변함없으신 그 모습을 보면서, "한 번 시간 나시면 병원에 가서 어떻게 된 것인지 진단을 받아 보시지요"라고 권유를 했습니다.

　　연말이 되어갈 즈음, 성탄절 행사를 준비하고 있는데 이 권사님이 저를 찾아 오셨습니다. "목사님, 얼마 전에 병원에 다녀왔어요. 그런데 의사가 저를 보더니 깜짝 놀라더군요. 아니 어떻게 아직 살아 계시냐고 묻더군요" 이렇게 말씀하시면서 저에게 봉투를 하나 주셨습니다.

　　"이게 뭐예요?"라고 물으니 다시 전반적으로 검사를 받은 결과인데, 그 봉투 안에는 완치 판정을 받은 CD가 들어있다는 겁니다. 그러면서 하시는 말씀이 "목사님, 저는 그날 목사님이 기도해 주실 때 치유되었다는 확신이 있었어요"라고 힘주어 말하는 것이었습니다. 정작 기도해 준 저 자신도 놀랐습니다. 그 순간 제 마음 속에 떠오른 말씀이 데살로니가전서 2장 13절의 말씀이었습니다. 말씀을 믿음으로 받을 때 그 말씀이 우리 안에서 역사하신다는 말씀입니다.

이 일은 생각하면 생각할수록 저 자신을 부끄럽게 하는 일이 되었습니다. 제가 오히려 "나은 줄 믿으십시오!" 해야 하는데, 그러지 못했습니다. "그러지 마시고 병원에 가서 검진을 받아 보세요. 그리고 의사 선생님 말씀을 잘 들으세요. 만에 하나 잘못되면 어떻게 합니까?"라고 말했던 것이 부끄럽게 느껴졌습니다.

그러나 권사님의 믿음은 분명했습니다. 3개월 후에 죽을 것이라는 의사의 말을 믿느니 하나님의 말씀을 믿겠다고 결단하신 것입니다. 그리고 하나님의 기적을 경험하신 것입니다.

하나님을 믿는 성도로 살아간다는 것은 신나는 일이 아닐 수 없습니다. 그 하나님의 기적을 경험하며 산다는 것은 세상 그 어디서도 얻을 수 없는 특권입니다. 나를 믿지 말고, 사람을 믿지 말고, 세상을 믿지 말아야 합니다. 나를 사랑하시고 나와 함께 하시며 내 우편에서 그늘이 되어 주시는 하나님을 믿어야 합니다. 이것이 세상을 이기는 비결입니다.

하나님이라는 안경을 쓰고

그리스도인은 항상 세상을 바라볼 때 하나님의 눈으로 봐야 합니다. 육신의 눈으로 세상을 보면 모든 것이 두렵게 보이기 때문입니다. 좋은 일도 힘들고 어려운 일로 여겨집니다. 작은 문제도 큰 문제처럼 보입니다. 그러나 하나님의 눈으로 세상을 보면 아무리 큰 문제도 작게 보입니다. 하나님은 능치 못함이 없으신 분이시며, 또 세상 그 어떤 문제보다 더 크신 분이기 때문입니다.

안타까운 것은 평생을 살면서 단 한 번도 하나님의 눈으로 세상을 보지 못하는 사람들이 있다는 것입니다. 평생을 문제만 보고 살아갑니다. 그래서 평생을 염려와 근심, 걱정 속에서 '죽을 것만 같다' 고 난리를 치며 살아갑니다.

민수기 13장, 14장은 믿음 없이 아우성치며 살아가는 우리들의 모습을 반영해 주고 있습니다. 모세가 바란 광야에서 가나안 땅으로 12명의 정탐꾼을 보낸 이야기입니다. 그 땅을 정탐하고 돌아온 정탐꾼들은 같은 땅을 보고 왔음에도 다른 보고를 하게 됩니다. 다른 눈으로 보았으니 결과도 다를 수밖에 없습니다. 세상의 눈으로 가나안 지경을 돌아본 10명의 정탐꾼은 다음과 같이 보고를 합니다.

당신이 우리를 보내 땅에 간즉 과연 그 땅에 젖과 꿀이 흐르는데...
우리가 두루 다니며 정탐한 땅은 그 거주민을 삼키는 땅이요 거기서 본 모든 백성은 신장이 장대한 자들이며 거기서 네피림 후손인 아낙 자손의 거인들을 보았나니 우리는 스스로 보기에도 메뚜기 같으니 그들이 보기에도 그와 같았을 것이니라 민13:27,33

좋은 땅이지만 무서운 사람들이 진치고 있는 땅이라고 겁을 냅니다. 그러니 욕심내지 말고 그 땅을 포기해야 한다고 말합니다. 그러나 똑같은 땅을 하나님의 눈으로 보고 온 여호수아와 갈렙은 이렇게 말합니다.

우리가 두루 다니며 정탐한 땅은 심히 아름다운 땅이라 여호와께서 우리를 기뻐하시면 우리를 그 땅으로 인도하여 들이시고 그 땅을 우리에게 주시리라 이는 과연 젖과 꿀이 흐르는 땅이니라 다만 여호와를 거역하지 말라 또 그 땅 백성을 두려워하지 말라 그들은 우리의 먹이라 그들의 보호자는 그들에게서 떠났고 여호와는 우리와 함께 하시느니라 민14:7-9

똑 같은 땅을 보고 왔지만 10명의 정탐꾼의 생각과 여호수아와 갈렙의 생각은 달랐습니다. 10명의 정탐꾼은 세상적인 기준의 안경을 쓰고 그 땅을 보았고, 여호수아와 갈렙은 하나님의 약속의 말씀이라는 안경을 쓰고 그 땅을 보았기 때문입니다. 출애굽 할 때부터 젖과 꿀이 흐르는 땅을 줄 것이라는 하나님의 말씀을 믿고 그 땅을 본 것입니다. 그러니 그 땅에 누가 사는지는 중요하지 않았습니다. 그 땅은 우리에게 주신다고 약속하신 바로 그 땅이라는 확신이 있었습니다.

이런 시각으로 상황을 볼 수 있다면 문제는 간단해집니다. 왜냐하면 하나님이 알아서 하실 것이기 때문입니다. 아무리 힘센 거인들이 산다고 해도 하나님을 이길 수는 없습니다. 이 믿음으로 그 땅을 바라보니, 10명에게는 거인으로 보였던 사람들이 여호수아와 갈렙에게는 먹잇감으로 보였습니다.

이 영적인 원리는 우리의 실생활 속에서도 그대로 적용이 됩니다. 10명의 정탐꾼처럼 문제의 상황을 정확하게 판단하고 진단하는 것은 세상이 좋아하는 방식입니다. 그래서 세상은 냉철하게 분석 잘하고 정확하게 보고하는 사람들의 의견에 귀를 기울입니다. 그러나 거기에 하나님의 기적은 임하지 않습니다. 하나님의 기적은 하나님의 말씀을 신뢰하고 그 말씀에 순종하는 사람에게 나타납니다. 결과적으로 분석을 잘한 10명의 정탐꾼은 자기들이 생각한 것처럼 가나안 땅을 유업으로 얻지 못했지만, 하나님의 약속을 철저하게 신뢰했던 여호수아와 갈렙은 결국 그 땅을 차지하게 되었습니다.

이 원리는 다윗과 골리앗의 싸움에서도 그대로 나타나고 있습니다. 세상적인 생각으로는 다윗이 절대로 골리앗을 이길 수 없습니다. 누가 보아도 무모한 싸움입니다. 어리석은 싸움입니다. 제정신이라고 볼 수 없는 싸움입니다. 그러나 결과는 다윗이 이깁니다. 칼이나 창을 가지고 싸운 것이 아니라 작은 돌을 가지고 이긴 것입니다.

"네가 나를 개로 여기고 막대기를 가지고 내게 나아왔느냐?"는 골리앗의 말에 다윗은 담대하게 답변합니다. "너는 칼과 창과 단창으로 내게 나아오거니와 나는 만군의 여호와의 이름 곧 네가 모욕하는 이스라엘 군대의 하나님의 이름으로 네게 나아가노라"(삼상 17:45)

이런 믿음의 자세로 나아간 다윗은 평소에 곰을 물리치고 사자를 쫓았던 그 돌멩이를 던져 골리앗을 쓰러뜨립니다.

> 또 다윗이 이르되 여호와께서 나를 사자의 발톱과 곰의 발톱에서 건져내셨은즉 나를 이 블레셋 사람의 손에서도 건져내시리이다 사울이 다윗에게 이르되 가라 여호와께서 너와 함께 계시기를 원하노라
> 삼상17:37

다윗은 하나님이 자신과 함께 하신다는 믿음이 있었습니다. 그러기에 믿음의 눈으로 골리앗을 봤습니다. 하나님이라는 안경을 쓰고 보니 골리앗은 처량하고 불쌍한 사람으로 보입니다. 세상 사람들이 크고 위대하게 봤던 그 골리앗이 다윗에게는 그저 연약한 인간으로 보인 것입니다.

지금 내 앞에 골리앗처럼 나를 괴롭히는 사람이 있습니까? 내 삶의 길에 커다란 문제의 산이 가로 막고 있습니까? 천지를 지으신 하나님 앞에 그 산은 작은 점에 불과할 뿐입니다. 하나님의 눈으로 세상을 봐야 합니다. 그리고 그 문제의 산 앞으로 담대히 나아 가야 합니다. 그러면 순식간에 문제의 산은 믿음의 사람 앞에서 평지가 될 것입니다.

포기하지 않는 하나님의 사랑을 포기하지 마십시오

정말 믿음이 있다면 끝까지 포기해서는 안 됩니다. "믿습니다"라고 힘주어 말해 놓고, 안되니까 슬그머니 포기해 버린다면 그것은 믿음이 아닙니다. 하나님을 믿노라 고백했으면 끝까지 믿어야 합니다.

다니엘의 세 친구는 바벨론의 느부갓네살 왕이 세운 금 신상 앞에 절하지 않았습니다. 그러자 느부갓네살 왕은 그들을 맹렬히 타는 풀무불 속에 던져 넣겠다고 협박합니다. 그런 절체절명의 순간에 다니엘의 세 친구인 사드락과 메삭, 아벳느고는 다음과 같이 말합니다.

왕이여 우리가 섬기는 하나님이 계시다면 우리를 맹렬히 타는 풀무불 가운데에서 능히 건져 내시겠고 왕의 손에서도 건져내시리이다 그렇게 하지 아니하실지라도 왕이여 우리가 왕의 신들을 섬기지도

아니하고 왕이 세우신 금 신상에게 절하지도 아니할 줄을 아옵소서
삼상17:37

　다니엘의 세 친구는 자신들이 풀무불 속에 던져질 때에 하나님이 자신들을 살려주실 것이라고 믿었습니다. 대단한 믿음입니다. 그런데 더 대단한 것은 '그렇게 하지 아니하실지라도' 하나님을 향한 신뢰를 버릴 수 없다고 고백한 것입니다. 자기의 생명을 버려야 하는 순간에도 하나님을 포기하지 않았고, 어떤 상황 속에서도 자신들의 믿음을 버리지 않으려 했던 것입니다. 하나님은 이 믿음을 귀한 것으로 여기셨고, 타는 풀무불 속에서 이들을 건져내셨습니다.

　우리는 때로 뭔가를 결심했다가도 어려운 난관에 봉착하게 되면 하나님의 뜻이 아니었다고 생각하고 포기하는 경우가 종종 있습니다. 이는 하나님 앞에서 잘못된 태도입니다. 이스라엘은 출애굽을 하면서부터 문제와 어려움이ㅓ127

끊이지 않았습니다. 출애굽을 하니 애굽의 군사들이 죽이려고 쫓아옵니다. 홍해를 건너니 지독한 광야생활이 펼쳐집니다. 먹을 것도 없는데 적들이 공격을 해옵니다. 40년 동안 그 혹독한 세월을 겪어 냈더니 요단강이 있고, 그 강을 건너니 그냥 가나안 땅이 주어진 것이 아니라 이제는 생명 걸고 전쟁을 해야 하는 상황이 전개되었습니다.

이쯤 되면 이스라엘이 출애굽하는 것은 하나님의 뜻이 아니었다고 말할 수 있을 것입니다. 그러나 우리가 잘 아는 대로 출애굽은 절대적으로 하나님의 뜻이었습니다. 즉 하나님의 뜻이라고 해서 아무런 문제가 없어야 하는 것도 아니고, 또 문제가 있다고 해서 하나님의 뜻이 아니라고 말해서는 안됩니다.

하나님의 뜻대로 살아갈 때에도 고난은 있을 수 있습니다. 어쩌면 하나님의 뜻대로 살아가려 할 때 더 고난이 많을 수도 있습니다. 사탄은 믿음의 사람들을 넘어뜨리기 위해 더욱 맹렬히 공격하기 때문입니다. 그러기에 무슨 일을 하다가 어려움이 있다고 해서 '이건 하나님 뜻이 아닌 것 같다' 며 쉽게 포기해서는 안 됩니다. 하나님의 말씀을 부여잡고 지금 내가 하는 일이 하나님의 영광을 위한 일이요, 하나님이 기뻐하시는 일이라는 확신이 있다면, 어떤 어려운 일이 앞을 막는다 해도 포기해서는 안 됩니다. 오히려 더 큰 소리로 찬송하고 기도하며 담대하게 나가야 합니다. 하나님은 어떤 상황 속에서도 믿음의 사람을 버리지 않기 때문입니다.

여인이 어찌 그 어미가 젖 먹는 아이를 잊겠으며 자기 태에서 난 아들을 궁휼히 여기지 않겠느냐 그들은 혹시 잊을지라도 나는 너를 잊지 아니할 것이라 사49:15

자기 품에 안겨 젖 먹는 자녀를 잊어버리는 부모는 없습니다. 어머니가 얼마나 자녀를 사랑합니까? 아이가 아프면 자기의 생명을 대신해서라도 살리려 하는 것이 바로 부모입니다. 그런데 그들은 혹시 잊을지라도 나는 너희를 잊지 아니한다고 하나님은 말씀하고 계십니다.

하나님의 사랑은 너무 커서 우리가 가늠할 수가 없습니다. 그래서 하나님은 우리에게 부모를 주셨고, 그 부모의 사랑을 통해 하나님의 사랑이 어떠한지를 알게 하셨습니다. 그렇게 하지 않고는 하나님의 사랑이 어떠한 사랑인지 사람들은 측량할 수가 없기 때문입니다.

그렇다고 해서 하나님의 사랑이 부모의 사랑 정도라고 생각하면 오산입니다. 그 어떤 부모의 사랑도 하나님의 사랑과는 비교할 수 없습니다. 자녀를 포기하는 부모가 없다면 하나님은 우리를 결코 포기하지 않으신다는 것을 알아야 합니다. 진짜 사랑한다면 그 사람이 어떤 처지 형편 가운데 있든지 그 사람을 포기할 수 없습니다.

어느 날 한 성도님이 저에게 오더니 이야기를 합니다. "목사님, 그거 아세요? 목사님은 따님 얘기만 하면 웃으시는 거 아세요?" "아, 그래요? 몰랐어요"

너무 딸을 사랑하니까 생각만 해도 웃음이 나오는 모양입니다. 그런데 성경에 이와 비슷한 이야기가 그대로 나옵니다.

> 너의 하나님 여호와가 너의 가운데에 계시니 그는 구원을 베푸실 전능자이시라 그가 너로 말미암아 기쁨을 이기지 못하시며 너를 잠잠히 사랑하시며 너로 말미암아 즐거이 부르며 기뻐하시리라 하리라
> 습3:17

하나님이 우리를 사랑하실 때, 기쁨을 이기지 못하실 만큼 사랑하신다고 성경은 기록하고 있습니다. 생각만 해도 좋은 사랑입니다. 기쁨을 참지 못하는 사랑입니다. 생각이 여기에 이르게 되니 '하나님이 우리를 정말 포기하지 못하시겠구나' 하는 확신을 가지게 되었습니다.

믿음은 자기 확신이 아닙니다. 우리를 보시면서 기쁨을 참지 못하실 만큼 사랑하시는 하나님을 믿고 신뢰하는 것이 참 믿음입니다. 정말 나를 살리시기 위해 대신 십자가에서 피 흘려 죽으실 만큼 나를 사랑하신 하나님을 믿는 것입니다. 이 사실을 깨닫고 나니 내가 하나님을 안다는 것과, 또 예수 그리스도로 말미암아 하나님

의 자녀가 되었다는 사실에 감격 하지 않을 수 없습니다.

CHAPTER 05

기도는 하고 계십니까?

CHPTER 05
기도는 하고 계십니까?

신앙생활을 하다보면 기도해야 된다는 이야기를 많이 듣습니다. 그 이유는 기도가 그리스도인에게 주어진 귀한 특권이기 때문입니다. 일반적으로 기도는 마음의 소원을 털어 놓는 것 정도로 생각하는데, 그럴 수도 있겠지만 그것이 전부는 아닙니다. 극히 작은 한 부분에 불과한 것을 전부라고 착각해서는 안 됩니다. 기도는 궁극적으로 천지를 만드시고 우주 역사를 주관하시는 하나님과 대화하는 것입니다. 그런 점에서 기도는 그 자체가 신비라고 말할 수 있습니다.

사람이 대단해 보여도 비행기를 타고 하늘로 높이 올라가면 티끌처럼 보이지도 않을 만큼 작은 존재가 사람입니다. 광활한 우주적 관점에서 보면 인간은 티끌보다 작은 존재입니다. 그런 작은 자의 기도를 우주보다 크신 하나님이 들으시는 것이 기도입니다. 또 그 기도에 응답해 주시는 것이 기도입니다. 그런 점에서 우리가 하나님께 기도할 수 있다는 것은 세상의 그 무엇과도 바꿀 수 없는 엄청난 특권입니다.

더 감사한 것은 그런 우리의 기도를 하나님은 듣기 원하신다는 것입니다. 그리고 부족하기 짝이 없는 우리의 기도를 귀하게 여겨 주십니다. 우리가 대화할 때 상대방이 내 이야기를 경청해 주면 기분이 좋지 않습니까? 하나님은 내가 아무에게도 할 수 없는 나만의 아픈 이야기, 상처 받은 이야기, 마음속에 품은 질투와 죄 지은 이야기 등 모든 마음 속 이야기를 가볍게 여기지 않으시고 경청해 주십니다.

그리고 그런 우리의 기도에 능력까지 더해 주셨습니다. 기도는 단순히 내 마음 속 이야기를 하나님께 털어 놓는 차원이 아니라 말씀으로 천지를 창조하신 하나님의 능력을 우리의 기도 속에 담아 주셨습니다. 그래서 예수님은 기도에 대해 이렇게 가르치셨습니다.

> 진실로 너희에게 이르노니 무엇이든지 너희가 땅에서 매면 하늘에서도 매일 것이요 무엇이든지 땅에서 무엇이든지 풀면 하늘에서도 풀리리라 마18:18

이 말씀을 가만히 묵상하다가 '아! 우리는 정말 잘못된 생각을 하면서 살고 있구나!' 하는 생각이 들었습니다. 특별히 한국 사람들은 '송충이는 솔잎을 먹어야 된다!' 거나 '팔자가 사나워 그렇다!' 는 등의 이야기를 자주 합니다. 운명적인 것을 믿고 살기 때문입니다. 그래서 신년이 되면 많은 사람이 토정비결을 봅니다. 올해의 운수가 어떠한지를 알아보기 위해서입니다.

그뿐입니까? 꽤 많은 사람들이 일간 신문을 펼쳐 놓고 그 날의 운수를 보면서 하루를 시작하기도 합니다. 그날의 운수가 좋게 적혀 있으면 기분이 들떠서 괜한 기대를 하며 삽니다. 그러나 운수가 나쁘게 적혀 있으면 하루 종일 기분이 좋지 않습니다. 쓸데없는 것으로 인해 하루를 망치는 것입니다. 하나님이 오늘 나에게 최고의 선물로 주신 하루를 신문에 적힌 한 줄 운세 때문에 망치는 것은 매우 어리석은 일이 아닐 수 없습니다.

산부인과에 심방을 간 적이 있습니다. 오후 1시쯤이었습니다. 연세가 지긋하신 귀부인이 여자 의사 선생님과 대화를 나누고 있었는데, 의사 선생님의 목소리가 점점 격앙이 되는 것입니다. 무슨 일인지 물었더니 의사 선생님이 어처구니가 없다는 듯한 표정으로 말합니다. "글쎄, 이 분의 딸이 지금 출산 진행 중인데, 아기가 이제 나오려 하고 있어요. 그런데 지금 산모의 어머니 되시는 분이 아기를 6시간만 뒤에 나오게 해달라고 사정을 하시네요"

잘못하면 아기도 위험하고 산모도 위험해질 수 있는 상황인데,

그런 줄 알면서도 이 부인이 그런 무모한 요구를 한 이유는 무엇일까요? 어디 가서 토정비결이나 사주팔자를 보고 오신 것이 틀림없다는 생각이 들었습니다. 아기는 태어나야 할 때 태어나야 합니다. 그런데 굳이 6시간 뒤에 태어나게 해달라고 하는 것은 그 날 그 시간에 태어나면 뭔가 큰일을 할 영웅이 된다는 사주팔자를 믿었기 때문이라는 생각이 들었습니다.

성경은 이런 우리의 생각이나 운명론은 틀린 것이라 가르치고 있습니다. 토정비결이나 그 날의 운세는 잘못된 것입니다. 땅에서 매면 하늘에서도 매이고 땅에서 풀면 하늘에서도 풀린다는 마태복음의 말씀은, 우리의 인생이 어떤 운명론에 의해 결정된 것이 아님을 분명히 가르치는 말씀입니다. 일이 되고 안 되고는 사주나 팔자 때문이 아니라, 기도를 했느냐 안 했느냐에 따라 달라지는 것입니다. 일반적으로 사람들은 하늘의 뜻대로 땅에서 이루어진다고 믿고 사는 경우가 많은데, 실상은 땅에서부터 우리의 기도에 의해 그 모든 것이 결정됩니다.

기도는 꼭 해야 하나요?

어떤 분은 이런 질문을 합니다. "목사님, 하나님은 다 알고 계실 텐데 그래도 우리가 기도해야 하나요?" 어떻게 보면 믿음이 좋은 것처럼 보입니다. 그러나 이런 분은 믿음이 좋은 것이 아니라 기도에 대해 잘 모르는 것입니다. 그리고 기도하기가 귀찮고 번거로우니까 그런 질문을 하는 것입니다.

기도는 달리는 기차와 같습니다. 기차는 지치는 법이 없습니다. 광활한 시베리아 대륙도 횡단합니다. 어디든 쉬지 않고 달릴 수 있는 것이 기차인데, 이런 기차에도 약점이 있습니다. 철로가 있어야 합니다. 철로가 없으면 아무리 힘이 좋은 기차라 해도 달리지 못합니다.

우리의 기도는 능력 많으신 하나님으로 하여금 일하실 수 있도록 하는 철로와 같습니다. 능치 못하심이 없는 하나님이시지만, 우리가 기도로 철로를 놓아 드리지 않으면 하나님은 역사하지 않으십니다. 그래서 우리가 기도하는 것은 매우 중요한 일입니다.

> 주 여호와께서 이렇게 말씀하셨느니라 그래도 이스라엘 족속이 이같이 자기들에게 이루어 주기를 내게 구하여야 할지라 겔36:37

이스라엘은 BC 586년 바벨론에게 멸망을 당하고 많은 유대인들이 바벨론에 포로로 끌려가게 됩니다. 그 때 바벨론의 강가에서 아무런 소망도 없이 하루하루를 살아가는 유대인들에게 하나님의 말씀을 선포한 선지자가 에스겔입니다.

이 에스겔 선지자가 유대인들에게 선포한 메시지는 하나님께서 다시 이스라엘을 회복시키실 것이라는 예언의 말씀이었습니다. 너희 이스라엘을 정결하게 하실 것이고, 새 영을 부어주실 것이며, 너희 조상들에게 준 땅에서 너희가 거주하면서 하나님의 백성이 될 것이고, 하나님은 너희의 하나님이 될 것이라고 예언합니다. 망한 이스라엘을 하나님은 포기하지 않으셨고, 이제 다시 회복시키실 것이라는 희망의 메시지를 선포합니다. 그러나 중요한 것은 하나님의 계획이 그러하실지라도 너희는 그렇게 해달라고 기도해야 한다는 것입니다.(겔36:37)

하나님은 우리를 위해 좋은 것을 많이 계획하고 계시지만 우리가 기도로 간구할 때까지는 당신의 계획을 보류하신다는 말씀입니다.

기도는 알면 알수록 더 기도하게 됩니다. 기도는 한 번이라도 더 하는 사람에게 큰 유익이 되기 때문입니다. 또 세련되지 못한 기도거나 논리적이지 못한 기도, 마치 어린아이의 기도와 같은 것이라 할지라도 하나님은 그 기도에 귀를 기울이시고 때가 차매 기적으로 응답하십니다.

주의 대적으로 말미암아 어린 아이들과 젖먹이들의 입으로 권능을 세우심이여 이는 원수들과 보복자들을 잠잠하게 하려 하심이니이다
시8:2

어린 아이들의 미숙한 입으로 드려지는 기도라 할지라도 원수의 능력을 꺾어 버리는 역사가 일어납니다. 이것이 기도 속에 담긴 신비요 축복입니다. 그러기에 지금 기도하지 않고 흘려버리는 시간은 엄청난 낭비가 아닐 수 없습니다.

하나님께 드리는 기도는 하나도 헛된 것이 없습니다. 기도는 마치 도끼질을 하는 것과 같습니다. 큰 나무를 쓰러뜨리기 위해서는 도끼질을 열 번 할 수도 있고, 스무 번 할 수도 있습니다. 분명한 것은 한 번이라도 더 도끼질을 하면 그만큼 나무가 쓰러질 확률은 높아지는 것입니다. 아무리 큰 나무라 할지라도 도끼질을 멈추지 않는 한 언젠가 그 나무는 쓰러지게 됩니다. 기도도 마찬가지입니다. 이 부분에 대해서 예수님은 불의한 재판장의 비유를 통해 다음과 같이 말씀하셨습니다.

> 이 과부가 나를 번거롭게 하니 내가 그 원한을 풀어 주리라 그렇지 않으면 늘 와서 나를 괴롭게 하리라 하였느니라 하물며 하나님께서 그 밤낮 부르짖는 택하신 자들의 원한을 풀어주지 아니하시겠느냐 그들에게 오래 참으시겠느냐 마18:5,7

단 한 번의 기도라 해도 그 기도는 헛된 기도가 아닙니다. 그리고 기도의 분량이 쌓이면 놀라운 기적이 일어납니다. 그래서 기도는 언제까지 해야 응답 받느냐고 누가 묻는다면, 저는 주저하지 않고 말씀드립니다. "기도는 응답받을 때까지 하는 겁니다"

예수님도 기도하셨을까요?

예수님은 육신을 입고 이 땅에 오신 하나님이시면서도 이 땅에 사시는 동안 늘 기도하셨습니다. 틈이 나면 기도하셨고 새벽 미명에도 기도하기 위해 산으로 오르셨습니다. 겟세마네에서 기도하실 때에는 땀이 핏방울 같이 되기까지 간절히 기도하셨습니다.(눅 22:44)

예수님이 이처럼 간절히 기도하신 이유는 두 가지입니다. 첫째는 예수님도 시험을 이기기 위해서는 기도가 필요하셨기 때문이고, 둘째는 제자들에게 기도가 아니면 세상과 사탄의 유혹을 이길 수 없다는 것을 가르치기 위함이셨습니다. 예수님은 쉼 없이 기도하셨고 결국 승리하셨습니다.

> 이르시되 기도 외에 다른 것으로는 이런 종류가 나갈 수 없느니라 하시니라 막9:29

하루는 예수님이 제자들을 데리고 변화산에 오르셔서 하늘의 영광을 제자들에게 잠시 경험할 수 있게 하셨습니다. 그리고 산에서 내려오니 제자들이 귀신들린 아이를 데리고 서기관들과 변론하고 있었습니다.

내용은 귀신들린 아이가 물속에도 뛰어들고 불속에도 뛰어드니 그 아버지가 제자들에게 귀신을 좀 쫓아 달라고 간청을 합니다. 그러나 제자들은 능력이 없어 귀신을 쫓아내지 못하더라는 것입니다. 그러나 예수님은 한 마디 말씀으로 귀신을 쫓아내고 그 아이를 온전케 하셨습니다.

사태가 어느 정도 수습이 된 후에 제자들이 예수님께 질문을 합니다. "예수님, 우리는 어찌하여 능히 그 귀신을 쫓아내지 못하였나이까?" 이 질문에 대한 예수님의 답변은 단호하면서도 정확하셨습니다. "기도 외에 다른 것으로는 이런 종류가 나갈 수 없느니라"(막9:29)

예수님은 기도가 중요하다는 것을 너무 잘 알고 계셨습니다. 그래서 틈틈이 제자들에게 기도하는 법을 가르치셨고, 기도하지 못하는 제자들에게는 계속 기도할 것을 권유하셨습니다. 예수님도 매일 기도하셨는데, 우리가 무엇이기에 기도 안 해도 된다고 생각하는지 모르겠습니다. 기도해야 합니다. 기도해야 승리하고, 기도해야 살 수 있습니다.

기적의 문을 여는 기도

기도에는 어떤 범위나 한계가 정해져 있지 않습니다. 아플 때도 기도해야 하고, 자녀의 문제가 있을 때도 기도해야 합니다. 또 사업상의 문제가 있을 때도 기도해야 합니다. 어떤 문제든지 믿음으로 하나님 앞에 나와 기도하며 내 마음을 드려야 합니다.

> 그 때에 히스기야가 병들어 죽게 되매 아모스의 아들 선지자 이사야가 그에게 나아와서 그에게 이르되 여호와의 말씀이 너는 집을 정리하라 네가 죽고 살지 못하리라 하셨나이다 히스기야가 낯을 벽으로 향하고 여호와께 기도하여 이르되 여호와여 구하오니 내가 진실과 전심으로 주 앞에 행하며 주께서 보시기에 선하게 행한 것을 기억하옵소서 하고 히스기야가 심히 통곡하더라 이사야가 성읍 가운데까지도 이르기 전에 여호와의 말씀이 그에게 임하여 이르시되 너는 돌아가서 내 백성의 주권자 히스기야에게 이르기를 왕의 조상 다윗의 하나님 여호와의 말씀이 내가 네 기도를 들었고 네 눈물을 보았노라 내가 너를 낫게 하리니 네가 삼일 만에 여호와의 성전에 올라가겠고 내가 네 날에 십 오년을 더할 것이며 왕하20:1-6

남 유다 왕국에 '히스기야'라는 신실한 왕이 있었습니다. 그런데 어느 날 갑자기 중한 병에 걸려 죽게 되었습니다. 하나님의 지시에 따라 선지자 이사야는 히스기야 왕을 찾아가 "당신은 이제 죽게 되었습니다. 그러니 이제 인생을 정리하십시오"라고 말을 합니다. 이 청천벽력 같은 이야기를 듣게 되었을 때 히스기야 왕은 원망하거나 불평하지 않았습니다. 조용히 벽을 바라보면서 하나님 앞에 간절한 기도를 올려드리기 시작했습니다.

벽을 바라본다고 하는 것은 세상을 보지 않고 하나님만을 보겠다는 결단의 표시입니다. 한 나라의 왕이면 훌륭한 의사를 부를 수도 있었겠지만 히스기야는 하나님께 기도하는 방법을 선택했습니다. 그리고 히스기야가 선택한 방법이 옳았습니다. 하나님은 히스기야의 기도를 들으신 것입니다. 히스기야에게 죽을 것이라 말했던 이사야가 성을 빠져나가기도 전에, 하나님의 음성이 다시 이사야에게 임했습니다. "이사야야, 다시 가서 히스기야의 생명이 15년이 연장이 되었다고 이야기하라!"고 말씀하셨습니다. 그리고 이사야 선지자의 말씀처럼 히스기야 왕은 죽은 것이 아니라, 생명이 연장되는 응답을 받게 되었습니다.

저도 목회를 하다 보니 기도에 대한 간증이 참 많습니다. 교회에 어느 여자 집사님이 계셨는데, 이분께는 참 죄송한 이야기이지만 믿음이 없었습니다. 집사의 직분을 가지고 있으면서도 교회에 잘 나오지 않았습니다. 그러던 어느 날 건강검진을 받았는데, 유방암 진단이 나왔고 결국 한쪽 가슴을 절개하게 되었습니다.

믿음이 없던 분인지라 이런 일을 겪고 나니 믿음 생활에 더욱 회의가 들었습니다. "하나님이 살아 계시다면 왜 나에게 이런 일이 닥쳐야 하는가?" 이런 의문을 날마다 마음에 품고 살았습니다. 그런데 얼마 못가서 다른 쪽 가슴에도 암세포가 전이되었다는 판정을 받고 다른 한 쪽마저 수술을 했습니다. 그러자 이 집사님의 하나님에 대한 원망이 더 커졌습니다.

그런데 인간적으로 이 집사님이 얼마나 착한 분인지 모릅니다. 병원에 입원해 있을 동안에는 항암치료를 받느라 머리가 다 빠지신 분들에게 모자를 예쁘게 떠서 선물을 할 만큼 남을 배려하는 분이었습니다. 한번은 방송국에서 이 이야기를 보도하기 위해 취재를 나왔고, 집사님의 착한 이야기가 전국에 방송이 되기도 했습니다.

그런데 착한 것과 믿음이 있는 것은 다른 문제인거 같습니다. 그 누구보다 착한 분이신데 하나님을 향한 믿음은 없었습니다. 시간이 지날수록 이 집사님의 원망은 커졌습니다. 그러던 어느 날 남편이 실직을 하게 됩니다. 그리고 집사님의 암세포도 이제는 임파선으로까지 전이가 되어 버렸습니다. 이정도면 3개월을 못 버티니까 마음의 준비를 해야 한다는 선고를 받았습니다. 마치 하나님이 '너 언제까지 그렇게 버틸래?' 하시는 것 같았습니다. 이에 질세라 집사님은 더욱 믿음을 안 갖기로 작정한 사람 같아 보였습니다.

그런데 고3이 된 딸의 배에 갑자기 복수가 차기 시작합니다. 자궁에 큰 혹이 생겼습니다. 딸에게 어려움이 닥치니 이 집사님이 하나님 앞에 엎드리게 되고, 하나님 앞에 회개하며 눈물로 용서를 구하기 시작했습니다. 자기는 데려 가도 딸은 살려달라는 기도를 하기 시작한 것입니다. 주변에 있던 성도님들이 이 집사님의 딱한 사정을 알게 되었습니다. 이런 딱한 처지에 있는 집사님을 위해 교회가 할 수 있는 일은 기도뿐이었습니다.

가장 먼저 반응한 사람들이 교회 내의 소그룹(감리교 속회) 성도들이었습니다. 속회(구역) 식구들이 그 가정에 모여 매일 예배드리기로 작정을 했습니다. 40일을 하루같이 매일 모여 기도를 드리는데, 점점 많은 사람들이 모여와 나중에는 30명, 40명이 모여서 예배를 드리게 되었습니다.

이 집사님 간증에 의하면 39일째 되는 날, 예배를 드리는데 갑자기 숨이 자유롭게 쉬어지면서 시원한 바람이 가슴으로 들어오는 것을 느꼈습니다. 그 동안 자신을 꽁꽁 묶고 있던 밧줄이 끊어지는 느낌이 들었다고 합니다. 매일 매 순간 내뱉던 한숨이 사라졌습니다. 꼭 나은 것 같은 생각이 들어 병원에 갔더니 암세포가 하나도 없이 다 사라졌다는 것입니다. 딸도 산부인과에 데려 갔더니 치유가 되었습니다. 그렇게 믿음이 없던 집사님이었지만 눈물로 회개하고, 또 성도들이 함께 합심하여 기도하니 그 가정에 기적이 일어난 것입니다. 이후 모든 것이 하나씩 다 회복 되면서, 남편도 복직이 되었습니다.

이 집사님의 간증이 얼마나 은혜가 되던지 제가 집회에 나갈 때면 항상 집사님을 불러서 간증을 하도록 했습니다. 그러면 이 집사님은 과거에 방송국에서 자기 이야기를 보도한 영상을 틀어주면서 "저기 있는 사람들이 다 돌아가셨는데, 가장 상태가 나빴던 저는 아직도 살아있어요" 하며 울면서 간증을 합니다. "저는 살아계신 하나님을 왜 이렇게 늦게야 알게 되었는지... 너무 죄송한 마음뿐입니다. 저처럼 하나님을 부인한 사람도 끝까지 참으시고 치유해 주신 좋으신 하나님" 그러면서 5분간은 아무 말 없이 흐느껴 울기만 합니다.

그러면 그 집회에 참석한 모든 분들이 따라 웁니다. 더 이상 제가 설교할 필요도 없이 하나님의 은혜가 그 모든 성도님들에게 임하는 것을 느낄 수가 있었습니다. 긍휼히 여기는 마음으로 모든 성도님들이 함께 집사님의 가정을 위해 기도하니, 하나님의 놀라운 은혜가 치유의 기적을 만든 것입니다. 그리고 집사님의 가정은 믿음의 가정으로 변화되었습니다. 이것이 기도의 역사입니다.

기도는 환경도 변화시킵니다

성경에 보면, 야곱은 들에서 사냥을 하고 배고파 하는 형에게 팥죽 한 그릇을 주면서 장자의 명분을 뺏은 후, 나중에는 장자에게 주는 아버지 이삭의 축복까지 가로챕니다. 맏아들인 '에서'로서는 화가 나는 것이 당연합니다. 아무리 동생이지만 참을 수가 없어 죽이려 한 것입니다.

이런 상황 속에서 야곱은 살기위해 멀리 삼촌의 집으로 도망을 칩니다. 그리고 삼촌의 집에서 20년간을 지나게 되는데, 워낙 수완이 좋은 야곱인지라 그곳에서 결혼도 하고 재산도 모았습니다. 그러나 대인관계가 좋지 못한 야곱인지라 삼촌을 피해 다시 고향으로 돌아와야 하는 상황에 이르게 됩니다.

막상 집으로 돌아오려는데, 자기를 죽이려 했던 형 '에서'는 여전히 미움과 증오 가운데 있는 것을 알게 됩니다. 아니나 다를까 형 에서는 동생 야곱이 돌아온다는 소식을 듣고는 얍복강을 건너오는 야곱을 죽이기 위해 장정 사백 명을 이끌고 와서 기다립니다.

20년 동안 형을 피해서 달아났지만 문제는 피한다고 사라지는 것이 아니었습니다. 진퇴양난의 상황입니다. 앞으로 갈 수도 없고 뒤로 물러갈 수도 없습니다. 이런 상황에서 할 수 있는 것은 기도 외에는 없습니다.

얍복강가에서 야곱은 밤이 새도록 하나님의 사자와 씨름을 합니다. 자기를 축복해 달라고 강하게 매달리며 기도를 하니까, 하나님께서 환도 뼈를 쳐서 절뚝거리게 만들었습니다. 그리고 야곱에게 새 이름, '이스라엘'이라는 이름을 주셨습니다. 아마도 그 당시에는 그 새 이름이 무엇을 뜻하는지 몰랐겠지만, 그 축복은 야곱으로 하여금 이스라엘의 조상이 되게 하시는 놀라운 축복이었습니다.

하나님과 씨름하는 그 순간에도 야곱의 생각 속에는 여전히 형의 복수에 대한 두려운 마음이 있었습니다. 하나님이 함께 하시고, 하나님이 축복하시는 그 순간에도 인간의 마음속에는 여전히 두려움이 존재할 수 있습니다. 그러나 환도 뼈가 부러지는 순간 야곱은 모든 것을 포기합니다. 그저 형이 죽이면 죽을 것이라는 각오로 형에게 나갑니다. 모든 것을 하나님의 손에 맡긴 것입니다.

그러자 하나님은 모든 상황을 바꾸셨습니다. 동생을 향한 증오의 마음을 가지고 있었던 형의 마음을 하나님은 한 순간에 바꿔 버린 것입니다. 동생을 죽이러 왔던 그 마음이 동생을 불쌍히 여기는 마음으로 바뀐 것입니다. 마음이 바뀌니 형 '에서'는 자신도 모르게 달려가 동생을 끌어안고 웁니다.(창33:4)

야곱에게는 형이 큰 문제처럼 보였고 답이 없는 것처럼 보였습니다. 그러나 하나님께는 그 모든 것이 너무나도 간단한 문제였습니다. 그 형의 마음을 바꾸는 것이 하나님께는 문제가 되지 않기 때문입니다.

> 내가 진실로 너희에게 이르노니 누구든지 이 산더러 들리어 바다에 던져지라 하며 그 말하는 것이 이루어질 줄 믿고 마음에 의심하지 아니하면 그대로 되리라 그러므로 내가 너희에게 말하노니 무엇이든지 기도하고 구하는 것은 받은 줄로 믿으라 그리하면 너희에게 그대로 되리라 막11:23-24

우리가 긍정적인 믿음을 가지고 기도할 때 환경은 바뀝니다. 기도하면 문제가 많은 남편도 변화가 되고, 말썽을 부리는 자녀도 변화가 됩니다. 어떤 분은 "목사님, 우리 남편은 아무리 기도를 해도 안 바뀌어요" 하시는 분이 있습니다. 틀린 말입니다. 하나님이 사람의 마음 하나 바꾸지 못하신다는 것이 말이 됩니까?

우리가 잘 아는 신학자 '어거스틴' 이라는 사람이 있습니다. 이 사람은 세계 최고의 석학이라고 불리는 사람입니다. 그런데 어거스틴도 젊은 시절에는 꽤나 방탕한 삶을 살았던 사람입니다. 그래서 그 어머니 '모니카' 는 밤낮없이 아들 어거스틴을 위해 기도했습니다. 그러자 결국 어거스틴은 하나님께로 돌아왔고 위대한 성인이 되었습니다.

기도하면 어떤 일이 일어날지 아무도 모릅니다. 왜냐하면 기도의 역사는 우리의 생각이나 상상을 초월하는 것이기 때문입니다. 기도의 결과를 제한하는 어리석음을 범치 말아야 합니다.

성경의 기적은 오늘날에도 ...

성경에 보면 베드로가 옥에 갇히자 교회는 베드로를 위해서 기도했습니다. 그 때 놀라운 일이 벌어집니다. 주의 사자가 나타나 베드로를 깨워 옥문 밖으로 데리고 나옵니다. 베드로는 꿈을 꾸는 줄 알았지만 옥문 밖으로 나온 후에야 꿈이 아니라 현실이라는 것을 깨닫게 됩니다. 그리고 그리스도인들이 모이는 곳으로 가니 그곳에서 사람들이 자신을 위해 기도하고 있는 것을 발견하게 됩니다.

이에 베드로는 옥에 갇혔고 교회는 그를 위하여 간절히 하나님께 기도하더라 행12:5

빌립보 감옥에 사도 바울과 실라가 갇혔을 때에도 비슷한 상황이 펼쳐집니다. 감옥 속에서 바울과 실라는 하나님을 원망하는 것이 아니라 오히려 조용히 기도하며 하나님을 찬양했습니다.(행 16:25) 그러자 갑자기 큰 지진이 나고, 손과 발을 묶고 있던 차꼬가 끊어졌으며, 옥문이 열려 버렸다고 성경은 기록하고 있습니다. 이것이 바로 기도의 힘입니다. 기도할 때에는 우리가 상상하지 못하는 놀라운 일이 일어납니다. 간혹 성경의 이런 기적 이야기를 보면서 "이건 성경 속에서나 가능한 일이 아닙니까?"라고 묻는 사람들도 있습니다. 그러나 그것은 잘못된 생각입니다.

> 내가 진실로 진실로 너희에게 이르노니 나를 믿는 자는 내가 하는 일을 그도 할 것이요 또한 나보다 큰일도 하리니 이는 내가 아버지께로 감이라 요14:12

예수님은 분명히 예수님을 믿는 자는 예수님이 행하신 일과 동일한 일을 할 것이고, 오히려 더 큰일도 하게 될 것이라고 말씀하셨습니다. 이 말씀의 뜻은 우리가 예수님보다 더 큰 자가 된다는 것이 아니라, 기도를 통한 하나님의 역사는 끝이 없다는 것을 가르치시는 말씀입니다. 예수님은 우리 삶에 필요한 기적과 기도 응답을 보여 주신 것이지, 가장 큰 기적을 보여주신 것이 아닙니다. 그러니 누구든지 더 어려운 상황에서는 기도를 통해 더 큰 기적을 볼 수도 있습니다.

제가 청년 목회를 할 때의 이야기입니다. 청년들과 4년 동안 함께 하면서, 동남아시아와 아프리카에 31개의 교회를 세웠습니다. 청년들이 조금씩 건축비를 모아서 그렇게 교회를 세운 것입니다. 그 청년들 중에 한 아이가 아프리카를 마음에 품었고, 그 땅을 위해 기도하기 시작했습니다. 그 결과 아프리카에도 2개의 교회를 세우게 되었습니다.

교회가 다 건축되자 봉헌식을 하기 위해 몇몇 청년들이 아프리카에 갔고, 은혜 가운데 봉헌식을 마쳤습니다. 그런데 한국에 귀국한 후, 한 여자 청년이 정신적으로 조금씩 이상한 증세를 보이기 시작했습니다. 갈수록 상황이 악화된다는 이야기를 듣고 급하게 그 집으로 심방을 갔습니다.

저를 보자마자 내성적이던 그 아이가 "오 마이 갓!" 이라고 말을 합니다. 한 눈에 보기에도 이상해지고 있다는 것을 느낄 수 있었습니다. 그렇지만 내색은 하지 않고, 그 청년의 손을 잡고는 "그래, 잘 있었니?"라고 하며 그 청년 방으로 들어갔습니다. 그리고는 "우리 기도하자"하며 기도를 시작하는데, 기도를 시작하자마자 벌떡 일어서더니 제 주위를 뱅뱅 돌기 시작합니다. 도무지 기도를 할 수 없는 상황이 되었습니다.

그 다음 날, 다시 심방을 갔지만 상황이 같았습니다. 하루 이틀 상황을 지켜보던 그 청년의 어머니는 "병원에 가야하지 않을까요?"라며 질문하셨고, 저는 "영적으로 공격당하는 것 같은데 기도하면 괜찮아 질 것입니다"라고 대답하고는 그 집을 나왔습니다.

그런데 그 청년의 증상이 점점 심해지자 그 어머니는 그냥 두고 볼 수 없어서 정신병원에 아이를 데려갔습니다. 의사를 보자마자 이 곱상한 여자 청년이 어디서 배웠는지 세상의 험한 욕을 쏟아내기 시작했습니다. 의사는 놀라면서 "아이가 증상이 이렇게 심한데 어떻게 그냥 방치해 두실 수가 있어요?" 하며 난리를 쳤습니다. 엄마가 사이비 종교에 빠져서 아이를 이 지경이 되도록 놔두었다면서 내일 당장 입원을 시키라는 것입니다.

다음 날 아침, 이 청년의 어머니가 병원으로 가는 길이라면서 저에게 전화를 했고, 저는 "병원에 입원시키기 전에 한번만 더 교회로 데려와서 같이 기도해보면 좋겠어요"라고 했습니다.

오전에 교회 유년부실에서 이 청년과 마지막으로 혼신을 다해 기도하려고 했지만, 이 청년은 기도가 시작되자 다시 일어나서 제 주위를 빙빙 돌면서 기도를 방해했습니다. 결국 그 청년은 어머니와 함께 정신병원에 간 후 입원을 하게 되었습니다.

내가 돌보던 청년을 그렇게 맥없이 정신병원에 보내고 나니 제 마음이 많이 아팠습니다. 마침 그 날은 청년 리더들이 모여 중보기도를 하는 날이었습니다. 50여 명의 청년들이 모였는데 이 문제는 제가 혼자 마음에 담고 있을 문제가 아니라는 생각이 들어서 이 청년의 문제를 기도제목으로 나눴습니다. 그리고 그 날 만큼은 오직 이 청년만을 위해 집중적으로 기도했습니다. 한 시간 가량을 다른 기도제목 나누지 않고 이 청년만을 위해 기도했는데, 모든 청년들이 눈물, 콧물을 다 쏟으며 정신없이 기도에 집중했습니다.

그런데 그 때, 갑자기 제 마음 속에 교회가 옥에 갇힌 베드로를 위해 기도하니 베드로가 옥에서 나오게 된 성경말씀(행12장)이 떠올랐습니다. 저도 모르게 "이제 이 청년의 이름을 부르면 지금 정신병원에서 나올지어다"하는 기도를 믿음으로 드리자고 청년들에게 말했습니다. 지금 생각하면 말도 안 되는 기도였습니다. 그러나 그 때에는 그렇게 기도해야 한다는 열망이 가슴 속 깊은 곳에서부터 불타올랐고, 결국 우리 모두는 그렇게 기도했습니다.

그렇게 기도회를 마치고 집에 와서 가만히 생각하니, '도대체 내가 무슨 기도를 한 거야?' 하는 생각이 들었습니다. 그리고 그날 밤은 거의 잠을 이룰 수가 없었습니다.

다음날 아침 정신병원에 입원한 청년의 소식이 궁금해서 그 어머니에게 전화를 걸었습니다. 그리고 어떻게 되었느냐고 물으니, 어제 밤에 그 어머니가 딸을 보기 위해 정신병원을 방문했다가 아이가 격리병동에 갇혀 있는 것을 보니 마음이 아파서 견딜 수가 없었고, 그래서 그 청년을 데리고 집으로 왔다고 합니다. 그런데 오늘 아침에 보니까 아이가 정상으로 돌아왔다는 것입니다. 할렐루야!

진실로 너희에게 다시 이르노니 너희 중의 두 사람이 땅에서 합심하여 무엇이든지 구하면 하늘에 계신 내 아버지께서 그들을 위하여 이루게 하시리라 마18:20

그 날, 우리 청년들은 사도행전 12장의 기적이 그대로 우리의 삶 속에서 일어나는 것을 경험하게 되었습니다. 합심해서 드린 기도의 역사가 그렇게 강하다는 것을 경험한 것입니다. 기도는 하면 할수록 점점 깊은 매력과 신비에 빠져들게 되는 것 같습니다.

무슬림 나라에 선교를 다니다 보면 그들의 신앙이 얼마나 철저한지 금방 알 수 있습니다. 청년들과 교회 봉헌식을 위해 방글라데시를 방문했을 때였습니다. 큰 배를 타고 강을 건너게 되었는데, 그 배 안에 무슬림들이 타고 있었습니다. 놀라운 것은 그 배가 출발하기 전부터 내리는 순간까지 메카 방향을 향해 쉬지 않고 앉았다 일어서기를 반복하며 기도를 하는 것이었습니다. 배가 방향을 돌리면 한 사람이 메카 방향을 수정해 줍니다. 그러니 배가 돌면 사람도 따라 돌면서 한 시간 가량을 쉬지 않고 기도를 하는 것이었습니다. 의무적인 기도지만 진지하고도 열정적으로 기도하는 모습을 보면서, 살아계신 하나님 앞에 기도하는 우리의 모습이 참으로 부족하다고 느꼈습니다.

인도네시아에도 청년들과 여러 개의 교회를 세웠는데, 그 곳의 젊은 지도자는 무슬림에서 회심을 한 청년이었습니다. 제가 처음 그 곳을 방문했을 때, "나를 위해 기도해 달라"고 해서 한국말로 기도를 해 주었습니다. 내 기도의 내용을 알아 듣지도 못하면서 내 기도가 한 마디 끝날 때마다 "아멘, 아멘"을 얼마나 크게 외치는지, 제가 도저히 기도를 끝낼 수가 없었습니다.

얼마나 기도를 했는지, 어둑어둑할 무렵 도착했는데 기도를 끝내고 보니 한 치 앞도 구분 못할 만큼 어두워져 있었습니다. 그의 간절한 기도에 감동이 되어서 그곳에 교회를 건축해 주었는데, 이 교회는 한적한 동네의 산꼭대기에 있는 교회가 되었습니다.

한 번은 그 지역을 방문했는데, 마을 사람들 전체가 피난을 가는 것처럼 단체로 줄지어 산에서 내려오고 있었습니다. 무슨 일인지 물었더니 "지금이 무슬림들 저녁 기도시간이라서 다 기도하러 가는 중입니다"라고 말하는 것이었습니다. 정말 무슬림들의 열심에 우리도 각성해야 한다는 생각을 하게 되었습니다. 그러면서 들었던 생각이, "이 지역에서는 선교가 좀 힘들겠구나..."하는 것이었습니다.

그런데 그곳에 교회를 건축하고 1년 뒤 다시 방문을 했더니 많은 성도들이 있었습니다. 그렇게 철저히 자기 신앙을 지키던 무슬림들이 많이 개종을 하고 교회를 다니게 된 것입니다. 무슨 일이 있었던 것인지 궁금했습니다. 사실을 알아보니, 이 청년 목사의 목숨을 건 기도 때문이라는 것을 알게 되었습니다.

이 청년 목사는 무슬림들이 새벽 4시에 일어나 인도네시아가 알라의 땅이라는 것을 선포하기 이전에 일어납니다. 아무도 깨지 않은 새벽 3시에 일어나 무슬림들보다 먼저 인도네시아는 하나님의 땅임을 선포합니다. 그렇게 기도로 하루를 시작하면서 매일 6시간에서 8시간을 기도했다고 합니다. 그랬더니 놀라운 일들이 일어나게 되었는데, 동네 청년에게서 귀신이 떠나가고, 병든 자가 치유되는 역사나 나타났습니다. 그러자 그렇게 철저히 신앙을 지키던 무슬림들이 한 명씩 회심하며 예수님께로 돌아오게 된 것입니다. 매주 마다 회심하고 주님께 나오는 사람들이 늘기 시작했습니다. 있을 수 없는 일이 일어나는 것입니다. 복음화가 안 될 것이라 생각되었던 지역에서도 기도하니까 되더라는 것입니다. 기도하니까 하나님의 역사가 나타나는 것입니다.

우리의 기도는 분명히 기적의 문을 엽니다. 기도할 때에는 반드시 이 사실을 믿고 기도해야 합니다. 어려운 문제 앞에서 낙심하고 앉아 있지 말아야 합니다. 그렇게 한숨 쉬고 있다고 해서 달라지는 것은 없습니다. 많이 염려한다고 해서 달라지는 것도 없습니다. 그 염려하고 걱정할 시간에 기도하는 것이 현명한 일입니다. 두려움이 오고, 염려가 오고, 또 어려운 일을 당한다 할지라도 살아계신 하나님을 바라보면서 기도할 때, 기적의 문은 반드시 열리는 것입니다.

기도의 유익

기도할 때 나타나는 유익이 있습니다. 기도할 때 성령이 임한다는 것입니다. 그리고 성령이 임하면 놀라운 능력과 권능이 생기게 됩니다.

> 사도와 함께 모이사 그들에게 분부하여 이르시되 예루살렘을 떠나지 말고 내게서 들은 바 아버지께서 약속하신 것을 기다리라 요한은 물로 세례를 베풀었으나 너희는 몇 날이 못 되어 성령으로 세례를 받으리라 하셨느니라 행1:4-5
> 오순절 날이 이미 이르매 그들이 다같이 한 곳에 모였더니 홀연히 하늘로부터 급하고 강한 바람 같은 소리가 있어 그들이 앉은 온 집에 가득하며 마치 불의 혀처럼 갈라지는 것들이 그들에게 보여 각 사람 위에 하나씩 임하여 있더니 그들이 다 성령의 충만함을 받고 성령이 말하게 하심을 따라 다른 언어들로 말하기를 시작하니라
> 행2:1-4

예수님은 부활승천 하시기 전에 제자들을 향해 예루살렘을 떠나지 말고 아버지께서 약속하신 것을 기다리라고 말씀하셨습니다. 제자들은 이 예수님의 말씀에 따라 한 곳에 모여 기도하기 시작했고, 오순절 날 약속하신 성령이 뜨겁게 임하시는 것을 경험하게 됩

니다. 그리고 각각 다른 언어로 말하는 기이한 현상을 체험하게 됩니다.

또 놀라운 성령을 체험한 베드로는 더 이상 예수님을 부인할 만큼 약한 자가 아니었습니다. 권능을 받게 되니 성전 미문 앞에서 평생 구걸하던 앉은뱅이를 치유하여 걷게 만듭니다. 예수 이름의 권세를 사용하니, 평생 단 한 번도 걸어본 적이 없는 앉은뱅이가 일어나 걷게 된 것입니다.

그리고 성령이 임하니 담대해졌습니다. 베드로와 제자들은 예수님이 십자가 위에서 죽으실 때, 사람들을 피해 숨고 도망을 다녔던 자들이었습니다. 그러나 성령을 받고 나니 담대해져 이제는 대제사장 앞에서도 용기 있게 너희가 죽인 그 예수가 바로 메시아(그리스도)라고 선포할 수 있게 된 것입니다.(행2:36)

네 생명은 내가 지켜줄게

하나님은 기도하는 자의 생명을 지켜 주십니다. 우리의 생명은 전적으로 하나님께 달린 것이지 우리의 노력으로 지켜지는 것이 아닙니다.

미국에서 9·11테러가 났을 때의 이야기입니다. 미국의 세계무역센터인 쌍둥이 빌딩이 테러로 말미암아 무너졌습니다. 그런데 그 당시 세계무역센터의 수석 부총재로 계시던 분이 이희돈 장로님이셨는데, 항상 기도하시는 독실한 기독교인이셨습니다. 미국으로 유학을 간 1세대 한국인이 세계 경제를 움직이는 세계무역센터의 수석 부총재가 된다는 것은 있을 수 없는 일입니다. 그러나 어딜 가나 하나님 앞에 철저히 기도하는 사람이다 보니까 안 되는 일도 이 분에게는 늘 가능한 일이 되었습니다.

이 장로님은 해외로 출장을 가도 그 곳에 있는 교회에 출석하며 새벽기도를 빠지지 않았습니다. 유럽에서 회의를 하다가도 주일이 되면 본 교회에서 예배드리려 비행기를 타고 미국에 건너오시는 분입니다. 그리고 주일 예배 후 다시 유럽으로 돌아가 회의에 참석하는 철저한 신앙인입니다.

이 장로님의 간증을 들을 기회가 있어서 듣게 되었는데 얼마나 은혜가 되는지요. '하나님과 동행하는 삶이란 바로 이런 것이로구나!' 하는 생각이 들 정도입니다. 처음에 9·11테러가 나고 쌍둥이 빌딩이 무너졌을 때, 사망자 명단에 이 장로님의 이름이 올라 있었다고 합니다. 워낙에 성실하신 분이니까 당연히 출근을 했다고 생각한 것입니다.

그런데 그날 아침, 이 장로님이 출근을 하는데 배가 너무 아파서 계속 운전을 할 수가 없었다고 합니다. 오전에 쌍둥이 빌딩의 꼭대기 층에서 중요한 회의가 잡혀 있었습니다. 꼭 가야만 하는 상황이었지만 배가 너무 아프니 차를 돌려 집으로 돌아왔다고 합니다. 잠시 휴식을 취하고 나서 좀 진정이 된 후에 차를 타고 집을 나서는데, 뉴스를 통해 쌍둥이 빌딩이 테러를 당해 무너졌다는 소식을 듣게 되었습니다. 평소 건강한 체질이라 한 번도 배가 아파본 적이 없었지만, 그 날 만큼은 하나님이 이 장로님을 살리시기 위해 출근을 못하도록 막으신 것입니다. 하나님은 기도하는 사람의 생명을 살리시는 하나님이십니다.

우리 주변에는 사랑하는 사람들이 많이 있습니다. 특히 자녀들은 말로 표현할 수 없을 만큼 사랑하는 사람들입니다. 그러나 그렇다고 해서 우리가 그 사랑하는 자녀의 생명을 지켜줄 수는 없습니다. 사랑하는 자녀의 생명을 지켜주실 수 있는 분은 오직 하나님 한 분 뿐입니다. 그러기에 우리는 가족의 생명, 사랑하는 이의 생명을 지켜달라고 기도해야 합니다.

기도를 해야 하는지 말아야 하는지 아직 고민이 되십니까? 예수님도 기도하셨습니다. 기도는 우리의 운명과 환경을 바꾸고 기적의 문을 엽니다. 기도할 때 능력을 받고 생명까지도 지킬 수 있습니다. 때문에 항상 하나님 앞으로 나아가 하나님께 기도해야 합니다. 성경에서도 "쉬지 말고 기도하라"(살전5:17)고 가르치고 있습니다. 그것이 사탄의 유혹을 이기고 세상을 이기는 비결이기 때문입니다.

CHAPTER 06
말씀이 일하십니다

말씀이 일하십니다

인생을 살다보면 이것을 결정할지, 저것을 결정할지 고민할 때가 많이 있습니다. 그럴 때 '누구의 말을 들어야 하지? 어떻게 해야 하지?' 하며 갈등하게 됩니다. 그때 저는 성경을 펼칩니다. 성경을 펴고 하나님께서 뭐라고 말씀하고 계신지, 그 말씀에 귀를 기울입니다. 그러다 보면 지혜가 생기고, 방법이 생깁니다.

성경은 우리가 살아가는데 있어서 꼭 필요한 도구와 같습니다. 성경을 왜 읽어야 하는지 묻는 사람들에게 성경은 우리가 살아가는데 있어서 거울과 같은 역할도 해주고, 지도와 같은 역할, 인생의 모범답안과 같은 역할을 한다고 말씀드립니다. 이런 것이 있으면 인생을 살아가는데 있어서 유익한 점이 많이 있기 때문입니다.

거울과 같은 역할을 한다는 것은 무슨 뜻일까요? 거울은 내 모습을 가감 없이 보여 줍니다. 솔직합니다. 그래서 사람들은 거울을 보면서 자신의 잘못된 부분을 고칩니다. 거울이 나의 잘못된 부분을 비춰준다고 해서 기분 나쁠 이유가 없습니다. 오히려 고맙습니다. 마찬가지로 성경은 우리의 모습을 솔직하게 보여주는 거울과 같습니다. 성경을 볼 때 내가 무엇을 잘못하고 있는지, 그래서 무엇을 고쳐야 하는지를 정확하게 알게 되고, 그로 인해 실수를 미리 막을 수 있습니다.

또한 성경은 지도의 역할을 합니다. 성경 속에는 우리 인생의 안내도가 들어 있기 때문입니다. 성경 속에 나오는 많은 사람들의 이야기를 통해 우리가 어떤 인생을 살아야 할지를 알게 됩니다. 그 많은 이야기를 통해 내가 지금 이런 선택을 하면 어떤 결과에 이르게 되는지를 알 수 있게 됩니다.

사람들은 아무도 자신의 미래를 예측할 수 없다고 말하지만 하나님의 말씀을 신뢰하는 사람들은 그 미래를 예측할 수 있습니다. 경부 고속도로를 타고 가다보면 얼마 가지 않아서 부산이 나온다는 것을 압니다. 영동 고속도로를 달려가면서 열심히 가다보면 부산이 나올 것이라고 말한다면 어리석은 사람입니다. 성경은 지도와 같아서 지금 내가 이 길을 선택할 때 그 결과가 무엇이 될지를 분명하게 안내해 주고 있습니다. 그런 점에서 성경 말씀은 내 인생의 지도라 할 수 있습니다.

뿐만 아니라 성경은 인생의 모범 답안지와도 같습니다. 우리가 시험을 본 뒤에 가장 궁금한 것은 정답입니다. 인생은 마치 시험지와도 같습니다. 알쏭달쏭한 문제가 끊이지 않고 나타나기 때문입니다. 그럴 때마다 우리는 시험을 치르는 학생이 됩니다. 무엇이 정답인지 몰라 고민을 합니다. 이 때 성경말씀은 우리가 인생을 살아가는데 있어서 모범답안지가 됩니다. 답을 보면서 시험을 치르는 사람처럼 쉬운 일은 없습니다. 성경은 바로 우리 인생의 모든 문제에 대한 정답을 소개해 주는 책입니다.

말씀이 살아 있다?

하나님의 말씀은 그저 좋은 이야기가 많이 담긴 소설이나 우화가 아닙니다. 철학책도 아닙니다. 그 말씀은 살아 있는 말씀입니다. 운동력이 있어서 변화를 이끌어 내는 책입니다.

> 하나님의 말씀은 살아 있고 활력이 있어 좌우에 날선 어떤 검보다도 예리하여 혼과 영과 및 관절과 골수를 찔러 쪼개기까지 하며 또 마음의 생각과 뜻을 판단하나니 히4:12

이 말씀은 하나님의 말씀이 관념이나 철학이 아니라 실제로 뭔가를 변화시키는 능력이라는 것입니다. 즉, 하나님의 말씀은 선포되어지면 마치 망치를 가지고 돌을 치면 돌이 깨어지듯이, 마음이 완악한 사람의 마음도 변화가 되고 달라진다는 것입니다. 하나님의 말씀은 여전히 살아 역사하시는 말씀인지라, 이 말씀이 선포되면 환경도 변화되고 기적의 역사가 일어나는 것을 경험하게 됩니다.

어떤 분들은 하나님 말씀이 얼마나 어렵고 지겨운지 잠이 안 올 때 읽으면 금방 잠에 빠진다고 말하기도 합니다. 그런데 그렇게 지겹게 여겨지던 하나님의 말씀이 어느 순간 꿀보다 더 달게 느껴지는 때가 옵니다.

저도 대학교 3학년 때 하나님의 말씀에 푹 빠져서 살다보니까, 하나님의 말씀을 읽는 것이 너무나도 기쁘고 감사했습니다. 그리고 그 다음 내용이 너무 궁금해서 한 순간도 성경을 손에서 놓을 수가 없었습니다. 그러다보니 학교 가는 지하철 안에서도 성경책을 펴서 읽었고, 수업을 듣는 중에도 뒤에서 성경을 꺼내 읽었습니다. 밤에 잠을 자기 전에도 성경의 내용이 궁금하니 잠을 잘 수가 없었습니다. 저는 그 때, 하나님의 말씀이 꿀보다 더 달다는 말이 무엇인지를 경험하게 되었습니다. 그리고 지금까지도 그 말씀은 제 안에 살아있는 하나님의 능력으로 남아 있습니다. 저는 지금도 이런 경험을 할 수 있게 하신 하나님께 감사를 드립니다.

하나님의 말씀은 살아 있는 말씀입니다. 죽은 것은 아무 것도 할 수 없지만 살아있는 것은 변화를 만들어 냅니다. 하나님의 말씀은 죽은 말씀이 아니라 살아있는 말씀이기에, 그 말씀이 우리 안에 들어오면 우리 안에서 어떤 변화가 일어나기 시작합니다.

없는 것을 있는 것으로

하나님의 말씀 속에는 창조의 능력이 있습니다. 하나님이 천지를 창조하실 때 말씀으로 창조하셨기 때문입니다.

> 태초에 하나님이 천지를 창조하시니라. 땅이 혼돈하고 공허하며 흑암이 깊음 위에 있고 하나님의 영은 수면 위에 운행하시니라 하나님이 이르시되 빛이 있으라 하시니 빛이 있었고 빛이 하나님이 보시기에 좋았더라 창1:1-4

아무 것도 없는 중에 하나님께서 "빛이 있으라!" 하시니 빛이 창조되었습니다. 사람은 아무리 능력이 탁월하다고 해도 '무'에서 '유'를 창조하지는 못합니다. 산에서 나무를 잘라서 테이블을 만들고 바닥재를 만들듯이 뭔가를 가지고 또 다른 무엇을 만들어 낼 뿐입니다. '유'에서 '유'를 만들 수는 있어도, '무'에서 '유'를 만들지는 못합니다. 그러나 하나님은 무에서 유를 창조하십니다.

> 기록된바 내가 너를 많은 민족의 조상으로 세웠다 하심과 같으니 그가 믿은바 하나님은 죽은 자를 살리시며 없는 것을 있는 것으로 부르시는 이시니라 롬4:17

우리 생각에는 있는 것은 있는 것이고 없는 것은 없는 것입니다. 그러나 하나님은 없는 것도 있는 것처럼 이야기하시는 하나님이시라는 말입니다. 모순 같습니다. 그러나 창조 이야기를 생각하면 이 말이 이해가 됩니다.

하나님은 이 세상을 창조하실 때 무에서 유를 창조하셨습니다. 없지만 있다고 말씀하시니 있는 것이 된 것입니다. 이것이 하나님 말씀의 능력입니다. 그래서 하나님의 말씀을 읽다보면 지혜가 부족한 사람에게는 지혜가 생기고, 용기가 없던 사람에게는 용기가 생기는 것을 경험하게 됩니다. 그러니 자녀들에게 성경말씀을 읽게 하고, 어려서부터 하나님의 말씀을 가까이 하도록 하는 것은 그 자녀가 일생을 살아가는데 있어서 매우 중요한 일이 됩니다.

자녀들이 성경을 읽기 시작하면, 세월이 흐르면서 그 자녀에게 부족하다고 생각했던 부분들이 채워지고 새롭게 만들어지는 것을 경험하게 될 것입니다.

저희 아이도 매우 소심해서 사람들 앞에서 이야기를 하거나 뭔가를 발표한다는 것은 상상도 못할 일이었습니다. 그런데 하나님의 말씀을 읽게 되면서, 어느 순간 아이가 담대해 지고 사람들 앞에서 이야기도 잘 하는 모습을 보면서 놀랐던 적이 있습니다.

하나님은 없는 것도 있다고 말씀하시는 하나님이십니다. 그러면 없는 것이 있는 것이 됩니다. 그러므로 없다고 이야기하지 마시고, 없는 것도 있게 만드시는 하나님의 말씀을 의지 하십시오. 그러면 하나님께서 행하시는 창조의 역사를 경험하게 될 것입니다.

세상의 역사를 살펴보면, 놀라운 일들을 이룬 사람들은 모두 하나님의 말씀을 붙잡은 사람들이었습니다. 종교개혁을 일으킨 '마틴 루터'(Martin Luther)도 그런 사람 중 한 명이었습니다. 마틴 루터가 살던 시절, 로마의 가톨릭은 대단한 힘과 권력을 가지고 있었습니다. 한 나라의 왕도 폐위 시킬 만큼 강력한 힘이 있었습니다. 그런 가톨릭을 향해 마틴 루터가 가톨릭의 부조리를 고발하고 개혁을 일으켰다는 것은 계란으로 바위를 치는 것보다 더 무모한 도전이었습니다. 그러나 마틴 루터가 이 같은 일을 할 수 있었던 것은 그가 하나님의 말씀을 붙든 사람이었기 때문입니다.

감리교 운동을 시작한 '존 웨슬리'(John Wesley)도 하나님의 말씀을 붙잡은 사람이었습니다. 말씀이 진리인 것을 분명히 믿었고, 그 말씀으로부터 힘과 용기를 얻었습니다. 그를 대적하는 사람들이 많았고, 그를 향해 폭력을 행사한 사람들도 많이 있었지만, 존 웨슬리는 굴하지 않았습니다. 그리고 끝까지 진리의 말씀대로 달려 나갈 때, 도덕적으로 부패하고 타락했던 영국사회가 변화되었습니다. 하나님의 말씀을 진리로 붙잡은 한 사람으로 인해 한 나라가 변화된 것입니다.

요즘 한국은 자녀교육 열풍으로 몸살을 앓고 있습니다. 그런데 그 귀한 우리 자녀들에게 꼭 필요한 교육은 세상의 지식이 아니라 하나님의 말씀인 것을 알아야 합니다. 그러나 세상은 이런 교회의 가르침에 대해 귀를 기울이지 않습니다. 안타까운 일이 아닐 수 없습니다. 아마도 사람들이 자녀를 위해 투자하는 세상 교육의 10분의 1만큼이라도 시간을 들여 하나님의 말씀을 가르친다면, 아이들은 세상을 변화시키는 위대한 지도자로 성장하게 될 것입니다.

하나님의 말씀을 믿음으로 마음에 담아야 합니다. 그리고 그 말씀을 세상 속에서도 견고히 붙잡아야 합니다. 그러면 없는 것을 있게 하시는 하나님 말씀이 그 사람을 붙잡을 것입니다. 그리고 놀라운 기적의 역사를 일으킬 것입니다. 하나님의 말씀에는 창조의 능력이 있기 때문입니다.

살아났어요!
하나님의 말씀 속에 담긴 또 하나의 능력이 있는데, 그것은 바로 생명을 살리는 능력입니다.

> 태초에 말씀이 계시니라 이 말씀이 하나님과 함께 계셨으니 이 말씀은 곧 하나님이시라 그가 태초에 하나님과 함께 계셨고 만물이 그로 말미암아 지은 바 되었으니 지은 것이 하나도 그가 없이는 된 것이 없느니라 그 안에 생명이 있었으니 이 생명은 사람들의 빛이라
> 요1:1-4

육신을 입고 '이 땅에 오신 말씀'이 바로 '예수 그리스도'입니다. 우리는 '복음'에 대해 많은 말을 하지만, '복음'을 한 단어로

표현하면 '예수 그리스도'입니다. 예수님은 우리를 묶고 있는 죄와 저주의 사슬을 당신의 대속의 죽으심을 통해 끊으시고 우리를 구원해 주신 분이십니다.

> 예수께서 이르시되 내가 곧 길이요 진리요 생명이니 나로 말미암지 않고는 아버지께로 올 자가 없느니라 요14:6

말씀이 육신이 되어 이 땅에 오신 예수님은 당신이 바로 "길이요, 진리요, 생명"이라고 말씀하셨습니다. 그래서 하나님의 말씀이 있는 곳에는 항상 생명의 역사가 일어납니다.

예수님께서 죽은 나사로를 향해 "나사로야 나오라!"(요11:43)고 말씀하셨을 때 사람들은 비웃었습니다. 그러나 죽은 나사로, 절대 다시 살 수 없을 정도로 부패가 된 나사로가 다시 살았습니다. 회당장 야이로의 딸이 죽었을 때에도, 예수님은 사람들을 향해 죽은 것이 아니라 잔다고 말씀하셨습니다.

이때에도 사람들은 수군거리며 예수님을 비웃었습니다. 일반적인 상황이라면 당연한 반응이라 할 수 있습니다. 그러나 시간이 지나고 보면 항상 예수님이 옳습니다. 말이 안 되는 것처럼 들려도 결국에는 그렇게 됩니다. 결국 회당장 야이로의 죽은 딸도 예수님의 말씀에 따라 살아났습니다.

예수님의 사역에 이렇듯 생명의 역사가 넘쳐나는 것은 하나님의 말씀 안에 창조의 능력과 더불어 생명의 능력이 담겨 있기 때문입니다. 이 말씀을 많이 읽고, 듣고, 묵상하면 우리 삶 속에 생명 에너지가 넘치게 되고, 그 능력으로 하나님의 사람들은 세상을 변화시키는 것입니다.

캐나다 위쪽 지방에 바핀 아일랜드라는 곳이 있습니다. 그 곳은 강도와 살인, 폭력이 난무하는 곳이었습니다. 그래서 사람들, 특히 여자들은 대낮에도 거리를 다닐 수 없을 만큼 무섭고 살기 힘든 곳이었습니다. 그래서인지 봄이 되어도 산에 꽃이 피지를 않았고, 바다에 가서 그물을 던져도 잡히는 고기가 없었습니다. 흔하게 보이는 참새 한 마리도 찾아보기 힘든 땅이었습니다.

이렇게 버려진 듯 보이는 땅에도 하나님은 영국의 한 선교사님을 보내셔서 복음을 전하게 하셨습니다. 이 험하고 무서운 땅에 들어온 영국 선교사는 어린 아이들 몇을 모아 놓고 하나님의 말씀을 가르치기 시작했습니다.

그런데 이 지역은 북극곰의 위험 때문에 잠깐 밖을 나가더라도 장총을 들고 나가야만 하는 곳입니다. 이 선교사님도 항상 긴 장총을 어깨에 메고 다녔는데, 하루는 양동이에 물을 길어 오는 길에 총이 어깨에서 흘러내리면서 오발 되었고, 그 총알이 선교사님의 몸을 관통했습니다. 영국으로 후송해 조치를 했지만 결국 목숨을 잃게 되었습니다. 이 선교사님이 바핀 아일랜드라는 척박한 땅에서 한 일이라고는 겨우 1년 남짓 어린 학생들에게 성경을 가르치는 일이었습니다.

그런데 수년의 세월이 흘렀고 그 어린 아이들이 청년이 되었습니다. 이 청년들이 언제인가부터 다시 교회에 모여 기도하기 시작했는데, 어느 날 오순절 다락방에 성령이 임하듯이 그들에게도 성령이 임했습니다. 불같은 성령이 임하자 눈물을 흘리며 회개하기 시작했는데, 놀라운 것은 그 날로부터 그 지역의 사람들이 회개하며 교회로 모여오기 시작했다는 것입니다.

진정한 회개와 더불어 지역마다 교회가 세워졌고, 세워진 교회마다 사람들로 차고 넘치게 되었습니다. 영국 선교사의 헌신이 실패로 끝난 것 같아 보였지만, 한번 심겨진 복음의 씨앗은 때가 차매 반드시 생명의 싹을 틔우고, 꽃과 열매를 맺게 되는 것입니다.

더욱 놀라운 것은 그런 일이 일어남과 동시에 산에 꽃이 피기 시작합니다. 산에는 한 번도 보지 못했던 산양이 나타나 뛰기 시작했고, 새들이 날아다니기 시작합니다. 바다에 가서 그물을 던지니 고기가 잡힙니다. 사람이 살 수 없을 것 같아 보였던 저주받은 땅이 축복의 땅으로 바뀐 것입니다. 어떻게 이런 일이 가능한 것일까요?

아담에게 이르시되 네가 네 아내의 말을 듣고 내가 네게 먹지 말라 한 나무의 열매를 먹었은즉 땅은 너로 말미암아 저주를 받고 너는

네 평생에 수고하여야 그 소산을 먹으리라. 땅에 네게 가시덤불과
엉겅퀴를 낼 것이라 창3:17-18
내 이름으로 일컫는 내 백성이 그들의 악한 길에서 떠나 스스로 낮
추고 기도하여 내 얼굴을 찾으면 내가 하늘에서 듣고 그들의 죄를
사하고 그들의 땅을 고칠지라 대하7:14

사람과 땅은 밀접한 관계가 있습니다. 사람은 땅에서부터 생겨
난 존재이기 때문입니다. 그래서 사람이 범죄를 하니 땅이 저주를
받게 됩니다. 아담이 범죄 했더니 땅이 가시덤불과 엉겅퀴를 냅니
다. 그러나 회개하고 하나님께로 돌아오면, 하나님이 그 땅을 고치
신다고 성경은 말씀하고 있습니다.

바핀 아일랜드가 사람이 살 수 없는 죽음의 도시가 되고, 새나
산 짐승, 심지어는 바다에 물고기도 없는 땅이 되었던 것은, 그 땅
의 사람들이 부도덕하고 음란하며, 하나님의 말씀을 의지하지 않
는 죄를 범했기 때문이었습니다. 그러나 그들이 회개하고 돌아서
니 하나님이 그 저주의 땅을 축복의 땅으로 변화시키셨다는 것입
니다. 역대하의 말씀처럼 하나님이 그 땅을 고치셨기 때문입니다.
하나님의 말씀에는 생명력이 있음을 보여주는 증거입니다.

이 말씀은 북한의 경우에도 그대로 적용되고 있는 것을 알 수 있
습니다. 북한 땅은 항상 우리 마음에 안타까운 장소로 남아 있습니
다. 압록강과 두만강 지역을 다니다 보면 참 특이한 장면을 접하게

됩니다. 중국 땅은 나무가 울창합니다. 옥수수, 복숭아들이 잘 자랍니다. 나무와 식물들이 푸릅니다.

그러나 똑같은 강에 똑같은 토질의 땅이지만 북한은 사정이 다릅니다. 무엇을 심어도 잘 자라지를 않습니다. 땅이 메말라 갑니다. 산이 다 헐벗었습니다. 어느 해는 풍년이 나면 홍수가 나서 모든 수확물들을 쓸어가 버립니다. 그러다 보니 굶주려 죽는 사람들이 늘어납니다. 어떤 노력을 해도 기근과 기아에서 벗어나지 못합니다. 어째서 북한 땅에는 이런 일이 일어나는지 정확하게 설명하는 사람들이 없습니다.

한 때 북한은 남한보다도 잘 살았던 지역이었습니다. 그러나 공산화가 되면서 기독교를 핍박하고 교회를 그 땅에서 몰아냈습니다. 복음이 사라졌습니다. 이 시기를 중심으로 북한은 점점 살기 어려운 나라가 된 것입니다.

중국은 지금 복음의 열기로 뜨겁습니다. 뜨겁고 열정적인 신앙이 전국으로 확산되고 있습니다. 복음의 씨앗이 떨어져 자라니, 고난과 핍박이 끊이지 않던 중국 땅에서도 변화가 일어나고 있습니다. 이것이 말씀의 능력입니다. 그 땅의 백성들이 하나님의 말씀을 버리고 죄를 범하면 그 땅이 저주를 받지만, 진정으로 회개하고 하나님께 돌아오면 하나님께서 그 땅을 고치시고 회복시키십니다.

북한을 잘 살게 하기 위해 많은 사람들이 경제적인 지원을 하고 있습니다. 그러나 북한이 잘 되는 비결은 한 가지밖에 없습니다. 다시 복음을 받아들이고 회개하며 주님 앞으로 나가는 길 밖에는 없습니다. 이들이 회개하고 복음을 받아들이면, 바핀 아일랜드와 같은 새로운 생명의 역사, 축복의 역사가 일어나는 것입니다.

모든 피조물이 무릎을 꿇고

하나님의 말씀에는 세상 모든 만물이 복종하는 권세가 있습니다. 왜냐하면 천지는 다 하나님의 말씀으로 지어졌기 때문입니다.

> 큰 광풍이 일어나며 물결이 배에 부딪쳐 들어와 배에 가득하게 되었더라 예수께서는 고물에서 베개를 베고 주무시더니 제자들이 깨우며 이르되 선생님이여 우리가 죽게 된 것을 돌보지 아니하시나이까 하니 예수께서 바람을 꾸짖으시며 바다더러 이르시되 잠잠하라 고 요하라 하시니 바람이 그치고 아주 잔잔하여지더라 막4:37-39

성경에 보면 예수님께서는 말씀으로 풍랑을 잠잠케 하셨다고 기록하고 있습니다. 풍랑이 몰려오자 물에 빠져 죽을 것이라 생각한 제자들은 예수님을 찾습니다. 그리고 어떻게 해야 할지를 물으니, 예수님은 주저하지 않으시고 풍랑을 향해 명령하셨습니다. "잠잠하라!" 그러자 신기하게도 풍랑이 잠잠해졌습니다.

상식적으로 이것 역시 납득이 안 되는 일입니다. 그러나 신앙생활에 있어서 우리가 납득하느냐 못하느냐는 중요하지 않습니다. 하나님의 말씀에는 그런 놀라운 권세와 능력이 있다는 것을 아는 것이 중요합니다. 만물을 복종시키고 환경을 복종시키고 어둠의 권세를 제어하는 능력이 하나님의 말씀 속에 있습니다. 그것을 분명히 믿을 때 이런 기적을 우리 삶 속에서 경험하게 됩니다.

하나님은 천지를 창조하실 때 '자연세계'와 '영적 세계'를 창조하셨습니다. 자연세계는 눈에 보이지만 영적 세계는 우리 육신의 눈으로는 볼 수 없는 세계입니다. 그래서 사람들은 자연세계만 존재하는 것으로 알지만 실상은 그렇지 않습니다.

자연세계는 오늘 우리가 살고 있는 이 세계를 말하는데 이 세계 안에는 사람들과 동·식물들이 존재합니다. 그리고 자연세계가 운영되는 원리와 법칙들이 있습니다. 사람은 나이가 들면 병들고 죽습니다. 이것은 자연세계의 법칙입니다. 물은 영하가 되면 얼음이 되고, 모든 물체는 위에서 아래로 떨어집니다. 만유인력의 법칙입니다. 그런데 이 모든 원리가 다 하나님께서 창조하신 한 부분입니다.

그런데 눈에 보이지 않는 영적 세계도 마찬가지입니다. 거기에는 하나님, 천사, 사탄과 악한 영들 같은 영적인 존재들이 있습니다. 그리고 자연세계와 마찬가지로 영적인 원리와 원칙도 그 안에 있습니다. 빛이 어둠을 이기고, 예수 이름 권세가 우리 죄를 사하는 것 등이 영적인 원리입니다.

그런데 우리가 사는 자연세계와 영적인 세계는 밀접한 관계가 있습니다. 어찌 보면 동전의 양면과 같다고도 말씀드릴 수 있습니다. 우리가 일반적으로 생각하는 것보다 훨씬 더 밀접하게 연관되어 있는데, 중요한 것은 자연세계가 영적인 세계의 영향과 지배를 받는다는 사실입니다.

신앙생활은 영적인 세계의 도움을 받는 생활입니다. 자연세계의 원리로 해결 안 되는 문제가 발생하면 거기에 영적 세계의 원리를 적용합니다. 그러면 문제가 해결됩니다. 이처럼 영적 세계의 원리를 자연세계에 접목하는 행위가 바로 '기도' 입니다.

예를 들어 암에 걸리신 분들은 오래 살지 못합니다. 이것이 자연세계의 법칙입니다. 그때 신앙인들은 하나님 앞에 엎드려서 기도하고 하나님의 은혜를 구합니다. 그러다 보면 암에 걸리신 분들도 죽지 않고 치유가 되는 일이 종종 있습니다. 죽을병에 걸렸던 히스기야 왕도 하나님 앞에 기도하니 15년이나 생명이 연장된 것입니다.

기도한다는 것은 내가 자연법칙 속에 살고 있는 존재이지만, 영적인 세계에 내 문제를 호소하는 행위입니다. 영적인 세계가 자연세계를 지배하기 때문에 기도하면 하나님의 능력이 우리에게 임합니다. 하나님의 도움의 손길이 임하면 병든 사람이지만 죽지 않고 치유되는 것입니다. 이것이 자연세계에 살면서 동시에 영적세계에 사는 그리스도인의 삶입니다.

많은 사람들이 이 원리를 알지 못하기 때문에, 단지 눈에 보이지 않는다고 해서 영적세계를 무시하는 경우가 많습니다. 매우 어리석고 무서운 일이 아닐 수 없습니다. 왜냐하면 우리 삶에서 벌어지는 모든 문제들의 실제적인 원인이 바로 이 영적인 것에서부터 발생하는 것이기 때문입니다. 그러나 이런 사실을 알지도 못하고 인정하지도 못하니 계속 사탄의 공격 속에 어려움을 당하는 것입니다. 영적인 세계를 무시하면 안 됩니다. 그리고 영적인 세계를 다스리는 권세가 바로 하나님의 말씀 안에 있다는 것을 알아야 합니다. "예수님의 이름으로 악하고 더러운 영들은 떠나갈 지어다!"라고 명령할 때 어둠의 영들이 떠나가는 것입니다.

어느 쉬는 월요일이었습니다. 밤늦게 전화가 한 통 걸려 왔는데, 급하게 교회로 와 달라는 전화였습니다. 교회에 도착하니 중학교 2학년 여자아이가 악한 영에 들려서 마구 소리를 지르고 있었습니다. 첫눈에 보기에도 귀신들린 현상이었습니다. 이 아이의 엄마는 아이를 자기 무릎에 앉혀 놓고 뒤에서 끌어안고 있었고, 그 옆에는 한 남자분이 찬송을 부르며 도움이 되고자 애쓰고 있었습니다. 그 아이의 할머니는 어찌할 바를 알지 못하고 일어섰다 앉았다를 반복하고 있었습니다. 어찌된 일인지를 물으니, 이 아이가 가정예배를 드리고 있는 중에 갑자기 자기는 예배를 드리기 싫다고 하면서 자기 방으로 들어가더랍니다. 그리고 문을 잠그더니 "이제부터는 교회 안 다닐 거야!" 하더랍니다. 그 순간 교회에 데리고 가야 되겠다는 생각이 들어서 문을 열고는 아이를 교회로 데려온 것입니다.

그런데 그 날이 쉬는 월요일이라 그저 1층에 있는 예배실에서 찬송을 부르고 있을 수밖에 없는 상황이었습니다. 저녁 6시에 교회에 와서 밤 10시까지 그러고 있었던 모양입니다. 이래도 안 되고 저래도 안 되는 절망적인 상황 속에 있을 때, 옆을 지나가는 한 교인이 있어 도움을 요청했고, 이 분이 저를 잘 아는 분이어서 저에게 전화를 한 것입니다.

저는 당황해 하는 그 아이의 엄마에게 이것은 귀신들린 것인데 쫓아내면 괜찮으니까 염려하지 마시라고 위로했습니다. 그리고는 먼저 이 아이가 하나님의 자녀인 것을 확인시켰습니다. 그리고 아이보고 제 기도를 따라하게 했습니다.

"나는 죄인입니다. 그러나 이제 예수님이 십자가에서 나를 대신하여 죽으심으로 내 죄가 사함 받았습니다. 나는 이제 하나님의 자녀가 되었습니다. 예수님의 피의 능력이 내 죄를 씻어 주셨습니다. 나는 그 동안 내가 지은 모든 죄로부터 자유합니다"

이렇게 고백을 하도록 했는데 '예수님의 피' 라는 부분에 있어서는 고백하지 못하고 괴로워했습니다. 그 때 아이의 머리에 손을 얹고 이렇게 명령했습니다. "이 아이를 사로잡은 악한 영은 잠잠할지어다!" 그러고 나니 아이가 고백을 합니다. "예수님의 피의 능력이 내 죄를 씻어 주셨습니다"

이 고백 후에 다시 그 아이의 머리에 손을 얹었습니다. 그리고 명령했습니다. "악하고 더러운 영들아, 이 아이는 하나님의 자녀다. 이제 나사렛 예수의 이름으로 명령하노니 이 아이에게서 떠나갈 지어다!" 그러자 바로 악한 영이 떠나갔습니다. 4시간 동안 소리를 지르며 온 몸에 힘을 주고 떨던 아이가 축 늘어졌습니다. "엄마, 악한 것이 이제 떠나갔어" 그리고는 정상으로 돌아왔습니다. 이제 집으로 돌아가라고 하니 아이가 머뭇거립니다. 그리고는 근심 어린 표정으로 질문합니다.

"목사님, 근데 이 귀신이 30분 후에 다시 온다고 그랬어요. 어떻게 해요?"

"아니, 귀신은 거짓말쟁이야. 그러니까 다시 못 와! 그리고 다시 오면 지금 목사님이 한 것처럼 하면 돼. 염려하지 말고 하나님이 지금 너와 함께 하고 계신 것을 믿어야 돼"

집에 돌아온 후 궁금함이 생겼습니다. 진짜 이 귀신이 다시 왔을까? 그러나 확인할 길이 없었습니다. 그 일이 있고 석 달이 지날 무렵 교회에서 세례교육을 하고 있었는데, 그 때 교육장 뒤편에 그 아이가 엄마와 함께 세례교육 받는 것을 보았습니다. 궁금함을 견딜 수 없어 한 걸음에 달려가 물었습니다.

"너, 혹시 나 기억하니?" "네, 기억해요 목사님. 그 땐 너무 감사했어요" 저는 주저하지 않고 바로 물었습니다. "그 때, 그 악한 영이 30분 있다가 다시 왔니?" 그러자 아이는 "아니요" 하면서 웃었습니다. 그 아이의 밝은 표정을 볼 때 제 마음 속에서 기쁨이 요동치는 것을 느낄 수 있었습니다.

이런 현상을 세상 사람들에게 어떻게 설명하겠습니까? '예수의 이름으로' 라고 선포할 때 악한 영이 떠나갑니다. 그리고 악한 영에게 매여 있던 사람이 자유하게 되고 온전해집니다. 예수 이름의 권세가 참으로 놀랍습니다. 이것은 저의 능력이 아닙니다. 하나님의 말씀과 예수 그리스도의 이름이 가지고 있는 권세요 능력입니다. 그 능력을 믿음으로 선포하고 고백할 때 어둠의 권세가 떠나가는 것입니다. 오늘 이것이 믿는 그리스도인들에게 주어진 말씀의 권세입니다. 하나님 말씀의 권세가 얼마나 귀중한 것인지 알아야 합니다.

영혼을 살리는 말 죽이는 말

사람들은 자신도 모르는 사이에 자기가 하는 말에 매이기도 하고, 또 매인 것에서 풀어지기도 합니다. 그래서 말을 할 때는 함부로 말하기 보다는 늘 신중하게 가려서 해야 합니다.

심리학자들 사이에서는 '비행 청소년' 을 규정할 때 '어려서부터 들어서는 안 될 말을 많이 듣고 자란 아이' 라고 말합니다. 크게 공감이 되는 말이었습니다. 이 말은 바꿔 말하면 비행 청소년의 뒤에는 '비행 부모'가 있다는 뜻입니다. 자기 자녀에게 수시로 해서는 안 되는 말을 많이 해 왔다는 반증입니다.

"넌 커서 뭐가 되려고 그러니?" "넌 어째 하는 일마다 그러니?" "니가 그러니까 안 되는 거야" 등등의 말들을 거침없이 매일 쏟아 냅니다.

결국 자녀들은 부모의 말에 이끌려 미래가 결정됩니다. 이 같은 일은 자녀에게 뿐만 아니라 사랑하는 남편에게, 또 아내에게도 동일하게 영향을 미칩니다.

일반인의 말도 이처럼 듣는 사람에게 큰 영향을 미칠 수 있다면, 특별히 우리 믿는 사람들은 더욱 말을 가려서 해야 합니다. 왜냐하면 하나님은 우리 믿는 사람들의 입술에 권세를 담아 두셨기 때문입니다.

기독교는 별칭이 많이 있습니다. 생명의 종교, 믿음의 종교, 은혜의 종교 등을 말합니다. 그런데 또 하나의 중요한 별칭이 있는데 바로 '말씀의 종교'입니다. 앞에서 언급한 바와 같이, 하나님은 천지를 말씀으로 창조하셨고, 그 말씀이 육신이 되어 이 땅에 오신 분이 예수님이시기 때문입니다. 그리스도인이란 이 말씀을 믿는 사람들입니다.

우리는 믿음으로 하나님의 자녀가 되었는데 자녀에게는 아버지의 권세가 있습니다. 즉 하나님은 창조의 능력과 생명의 능력, 그리고 만물을 복종시키는 말씀의 능력을 자녀 된 우리에게도 주셨습니다. 다시 말씀드리면, 우리 믿는 그리스도인들은 이 놀라운 말씀을 활용할 특권이 있다는 뜻입니다.

그런데 만약 우리가 이 입술의 권세를 가지고 부정적인 것을 말할 때, 그것이 그대로 된다면 어떻게 하겠습니까? 감정이 상해서 아무 생각 없이 남편에게 쏘아 붙인 한 마디의 저주가 그대로 이루어진다면 어떻게 될까요? 속이 상해서 자녀에게 던진 그 말이 그대로 된다면 어떻게 하시겠습니까? 그러니 말을 할 때에는 부정적인 말을 하지 말고 긍정적인 말을 해야 합니다. 어렵고 힘들고 자신의 생각에는 되지 않을 것 같아 보여도 긍정적인 말을 해야 합니다.

"하나님이 함께 하시니 이 문제는 해결 될 거야" "너도 충분히 할 수 있어. 힘을 내!"

우리가 믿음으로 이렇게 말할 때 기적이 일어납니다. 그리고 아무리 불가능한 상황이라 해도 변화가 되는 것입니다.

제가 청년들을 가르칠 때 늘 입버릇처럼 했던 말이 "안 되는 것은 없다. 두려워하지 마라. 모든 것은 가능하다. 불가능한 것은 없다"는 말이었습니다. 그렇게 청년들을 5년간 지도한 결과, 지방 대학에 다니던 아이가 서울대학교 대학원에 입학을 하게 되었고, 삼류대학을 다니던 아이가 카이스트에 입학하게 됩니다. 꿈이 없던 아이들이 새로이 꿈을 꾸면서 자기 미래를 향해 힘차게 도전하는 모습을 수도 없이 봤습니다.

그리스도인에게 주어진 말의 권세란 이런 것입니다. 진짜로 하나님은 살아계시고 나와 함께 하신다는 것을 믿는다면, 어떤 상황 속에서도 부정적인 이야기를 할 이유가 없습니다.

이스라엘의 가장 위대한 왕 다윗도 결국 존귀하게 된 데에는 이유가 있습니다. 항상 눈에 보이는 현상보다는 믿음을 선포했기 때문입니다. 다윗이 어려움 중에서도 믿음으로 선포하는 내용이 시편 말씀 중에 많이 있습니다.

사람들은 성경을 읽을 때 다윗이 하루아침에 왕이 된 것만을 보면서 부러워합니다. 그러나 다윗이 목동에서 왕이 되기까지 얼마나 많은 고통과 역경의 세월을 견디어 냈는지 모릅니다. 죽음의 골짜기를 얼마나 오래 방황하고 헤매였는지 모릅니다. 그럼에도 불구하고 다윗은 "죽겠습니다. 안 됩니다"라고 이야기하지 않았습니다. 그리고 살아나게 되면 하나님을 향해 찬양했습니다. 노래했습니다. "하나님께서 나를 구원하셨습니다. 하나님께서 나를 도우셨습니다"라고 늘 이야기했습니다.

여호와는 나의 목자시니 내게 부족함이 없으리로다 시23:1

다윗은 위기와 역경의 순간에도 하나님을 찬양했습니다. 뭔가 많이 부족해 보이는 상황 속에서도 부족함이 없다고 고백하고 있습니다. 목동이었던 다윗은, 양에게 있어서 목자란 어떤 존재인지를 너무 잘 알고 있었기 때문입니다. 목자는 양의 형편을 늘 살펴서 배가 고플 때는 먹을 것을 주고, 목이 마를 때는 마실 물을 줍니다. 그러기에 양에게 있어서 필요한 것은 먹을 음식과 물이 아니라 바로 목자입니다.

그런 관점에서 하나님이 나의 목자가 되신다는 것을 생각하면 부족해 보일지라도 실상 나의 삶에 있어서 부족한 것이 없다는 것을 고백하지 않을 수 없는 것입니다. 이런 사실을 알고 있었던 다윗이기에 일평생 부정적인 말을 하지 않았습니다. 시편 23편 4절에 의하면 '내가 사망의 음침한 골짜기로 다닐 지라도 해를 두려워하지 않을 것은 주께서 나와 함께 하심이라'고 고백합니다. 사망의 음침한 골짜기를 갈 때 두렵지 않을 사람은 없습니다. 그러나 다윗은 그 순간에도 목자 되신 하나님이 함께 하신다는 것을 믿었기에 부정적인 이야기를 하지 않았습니다.

> 너희 말이 내 귀에 들린 대로 내가 너희에게 행하리니 너희 시체가 이 광야에 엎드러질 것이라 민14:28-29

하나님은 이스라엘 백성을 특별히 생각하셨고 사랑하셨습니다. 출애굽 이후 홍해를 건널 때에나 광야 길을 갈 때에도 하나님은 늘 함께 하시면서 이스라엘 백성들을 돌보셨습니다. 그런데도 불구하고 이스라엘 백성들은 늘 불평을 터뜨렸습니다. "못 살겠다" "애굽으로 돌아가자" 등등의 말을 많이 했습니다.

그러자 하나님은 어느 날 모세를 통해 백성들에게 경고합니다. "너희들이 말하는 대로 내가 해줄게" "죽겠다고 말하니 죽여줄게" 무서운 말씀이 아닐 수 없습니다. 우리가 하는 말을 하나님은 다 듣고 계신다는 것입니다.

하나님이 나와 함께 하시고 나를 도우시는 하나님이신 것을 믿는다면 부정적인 이야기나 불평을 할 이유가 없습니다. 부정적이거나 쓸데없는 이야기를 할 시간에 하나님을 찬양하고 감사하는 사람이 지혜로운 사람입니다. 왜냐하면 우리가 말하는 대로 우리의 삶이 매이기도 하고 풀리기도 하기 때문입니다.

저희 교회에는 성도님들이 꼭 지켜야 하는 규칙이 몇 가지 있습니다. 그 중에 하나가 서로 칭찬하고 부정적인 이야기나 험담은 절대 하지 말라는 것입니다. 하루에 한 번씩이라도 자녀와 남편과 아내 그리고 부모님, 만나는 이웃들을 늘 칭찬하도록 시킵니다. 그렇게 말로 축복할 때 하나님이 기뻐하실 뿐 아니라, 그 말로 인해 기적의 역사가 일어날 것을 알기 때문입니다.

CHAPTER 07
아직도 용서가 안 되나요?

아직도 용서가 안 되나요?

세상을 참 착하고, 바르게 살고 싶은데 세상은 우리를 가만히 내버려두지 않을 때가 많이 있습니다. 사람들과도 잘 지내고 싶은데 마음과는 달리 미운 사람이 자꾸만 생깁니다. 아무리 참으려 해도 말이나 행동으로 공격해 오면 참기가 힘듭니다. 미운 생각이 들고 때로는 자기도 모르는 사이에 그 사람을 저주하기도 합니다. 그리고 이내 후회를 합니다. "내가 기독교인으로서 그렇게 하면 안 되는 것인데..." 하는 생각이 들면 마음이 아프기도 합니다.

이런 일이 반복되다 보면 사람을 만나고 사람들과 대화하는 것이 두려워지기도 합니다. 사람들을 피하게 되고 그러다보면 사람들을 향해 혼자 벽을 쌓게 됩니다. 앞에 있는 사람을 향해 벽을 쌓고 옆에 있는 사람을 향해서도 벽을 쌓습니다. 모든 사람을 향해 벽을 쌓다 보니 감옥 아닌 감옥에 혼자 갇히게 됩니다.

그러다보니 인생을 사는 것이 감옥에 갇혀 사는 것처럼 힘겹게 여겨질 때가 얼마나 많은지 모릅니다. 자신이 벽을 쌓았으면서 사람들이 자기를 싫어한다고 느낍니다. 사랑하는 아내가 있고 사랑하는 남편이 있습니다. 그리고 세상 무엇과도 바꿀 수 없는 자녀들도 있습니다. 그런데 이상하게 혼자라는 생각을 떨쳐버릴 수가 없는 이유는 무엇일까요? 현대를 살아가는 많은 사람들이 이런 고독감 속에 살고 있다는 것은 참으로 아이러니가 아닐 수 없습니다. 이런 외로움의 원인은 무엇이고 그 해결책은 무엇일까요?

가장 후회되는 일

인생을 다 살고 나서 하나님 앞에 설 때 가장 후회되는 일이 있다면 이웃과 불화했던 일일 것입니다. 왜냐하면 예수님은 우리를 살리시기 위해 십자가에서 대신 죽으셨고, 그 십자가 사건으로 말미암아 우리 모두가 구원에 이르기를 원하셨기 때문입니다.

가장 큰 계명이 무엇이냐고 묻는 질문에 대해서도 예수님은 "하나님을 사랑하고, 네 이웃을 네 몸과 같이 사랑하는 것이라" 말씀하셨습니다. 가장 큰 계명은 하나인데 예수님은 둘을 말씀 하셨습니다. 그 이유는 간단합니다. 요한1서 4장 20절의 말씀에 의하면, 하나님을 사랑한다고 하면서 이웃을 미워한다면 하나님을 사랑한다는 말이 거짓말이라는 것입니다. 하나님을 정말 사랑한다면 이

웃을 사랑해야 합니다. 즉, 하나님 사랑과 이웃 사랑은 두 계명이
아니라 하나의 계명입니다.

> 누구든지 하나님을 사랑하노라 하고 그 형제를 미워하면 이는 거짓
> 말하는 자니 보는 바 그 형제를 사랑하지 아니하는 자는 보지 못하
> 는바 하나님을 사랑할 수 없느니라 요일4:20

하나님을 사랑하는 것과 이웃을 사랑하는 것은 동전의 양면과
같습니다. 그러기에 우리가 이 세상을 아무리 열심히 살았다고 해
도 이웃을 사랑하지 못하고 이웃과 불화한 부분이 많이 있었다면
그 일들은 다 하나님 앞에서 부끄러운 일이 됩니다.

저는 장례식을 집례할 때마다 습관적으로 이 분이 살아 계실 때
사람들과의 관계가 어떠했는지를 떠올려 봅니다. 소천하신 분이
늘 어려운 분들을 많이 돕고 화해의 도구가 되어 주셨던 분이라면,
인생을 정말 잘 사신 분이라는 생각을 하게 되지만, 반대의 경우에
는 이 분이 지금 하나님 앞에서 후회하는 분이 되어 있지는 않은지
걱정을 하게 됩니다.

인생을 잘 산다는 것은 세상이 만들어 놓은 성공과 행복의 기준
을 다 충족하는 것에 있지 않습니다. 세상이 만들어 놓은 성공의
기준, 행복의 기준에는 사실 거짓된 것이 많이 있습니다. 이 잘못
된 가치관과 세계관에 속아서 산다면 훗날 반드시 후회하는 인생

이 되고 맙니다.

진짜 성공, 진짜 행복의 길은 성경을 통해 우리에게 말씀하신 하나님의 뜻대로 사는데 있습니다. 내가 조금 더 행복하기 위해 다른 사람들의 마음을 아프게 하기보다는, 내가 조금 덜 갖더라도 사람들과 나누는 인생을 살고, 그래서 함께 기쁨을 누리는 삶을 사는 사람이 지혜로운 사람이요 인생을 바르게 잘 사는 사람입니다.

고독의 원인

사람의 행복은 '얼마나 많이 소유했느냐'로부터 오는 것이 아닙니다. 소위 성공하고 출세했다는 사람들에게 물어보면 솔직히 뭐가 행복인지 모르고 사는 사람들이 많이 있습니다. 더 가진 것이 행복한 것이고, 더 높은 지위에 오른 것이 행복한 것이 아니냐고 되묻는 경우가 다반사입니다.

이런 분들에게 혹시 고독하거나 외롭다고 느끼지 않느냐고 물으면 십중팔구는 외롭고 고독하다고 말합니다. 만약 그 말이 진심이라면, 행복은 소유에서부터 오는 것이 아니라는 것이 증명된 셈입니다.

사람은 사회적 존재입니다. 혼자서는 살아갈 수 없는 존재입니다. 그래서 하나님은 배우자를 만드셨습니다. 창세기 2장 18절에 의하면, 사람이 혼자 사는 것이 좋지 아니하여 돕는 배필을 만드셨다고 기록하고 있습니다. 그리고 하나님이 돕는 배필을 지어주시니 아담은 행복했습니다. 만물을 다스리는 권세가 주어졌을 때보다도 배우자를 얻었을 때 더 기뻐했습니다.

그러나 얼마 지나지 않아서 뱀의 간교한 계략에 빠져 죄를 범하게 되니 부부 사이에 신뢰가 깨어지고 서로 원망하는 마음이 들었습니다. 신뢰가 깨어지고 원망하는 마음이 드니 아무리 함께 있어도 고독하게 느껴집니다. 수고하고 노력해서 많은 결실을 맺는다고 해도 여전히 허전한 마음을 가눌 길이 없습니다. 결국 고독이란 서로를 신뢰하지 못하는 마음에서부터 비롯되는 것입니다.

용서의 십자가

기독교는 '생명의 종교' '말씀의 종교'이기도 하지만, '용서의 종교'라고도 이야기합니다. 우리가 예수님의 십자가 은혜로 모든 죄에서 용서를 받았기 때문입니다. 이것이 참 귀한 축복입니다. 세상의 그 어떤 복보다 귀한 복입니다.

세상에는 종교가 많습니다. 그리고 그 종교들 나름의 교리가 있습니다. 이슬람은 자신이 지은 죄 값을 자신이 감당해야 합니다. 그래서 죄를 지으면 고통을 당해야만 합니다. 어린 아이가 배가 고파서 빵을 훔쳤더니, 사람들은 그 아이를 잡아 광장에 눕히고는 그 아이의 팔위로 트럭이 지나가게 합니다. 참으로 끔찍한 일이 아닐 수 없습니다.

불교에서는 윤회설을 이야기합니다. 내가 죄를 지으면 그 죄의 결과로 다음 생애에는 짐승이나 미물로 태어난다고 믿습니다. 세상의 대부분의 종교는 자기가 지은 죄에 대한 대가를 반드시 자신이 지불해야 한다고 가르치고 있습니다. 그러나 기독교는 다릅니다. 인간이 자기 죄로 인하여 괴로워할 때, 하나님이 인간의 죄를 대신해 죽으심으로 우리에게 자유를 주셨기 때문입니다. 신이 인간을 위해 대신 고난을 당한 종교가 기독교입니다. 그런 점에서 기독교는 '은혜의 종교' 라 말하기도 합니다.

하나님이 이렇게 하신 데에는 이유가 있습니다. 인간의 죄는 고난을 당한다고 해서 사라지는 것이 아니기 때문이고, 또 하나님이 보여주신 희생과 용서 속에 진정한 관계의 회복이 있기 때문입니다. 깨어진 관계의 회복은 서로 부족함을 깨닫고 서로 용서할 때 회복이 이루어집니다. 십자가는 바로 이 영적원리를 가르쳐주는 가장 위대한 사건입니다.

미움과 원망이라는 무거운 짐

수고하고 무거운 짐진 자들아 다 내게로 오라 내가 너희를 쉬게 하리라 마11:28

한 번은 제가 무거운 짐을 들고 지하철을 탄 적이 있었습니다. 귀한 물건인지라 무거워도 땅에 내려놓지 않고 들고 갔습니다. 한참을 들고 있자니 팔이 떨어질 것처럼 아팠습니다. 결국 그 짐을 지하철 바닥에 내려놓았습니다. 얼마나 몸이 가볍고 좋던지 그걸 계속 들고 있었던 제 자신이 어리석어 보였습니다. 또 그 짐을 그렇게 바닥에 내려놓고 보니까 그 물건이 그렇게 귀한 것도 아니라는 생각이 들었습니다. 순간 우리 인생도 비슷한 것 아닌가 하는 생각을 하게 되었습니다. 별로 중요하지 않은 것을 너무 귀하게 여기며 사는 경우가 많이 있는 것 같습니다. 우리 주변에는 버려야 할 것도 귀한 것처럼 여기면서 사는 사람들이 얼마나 많은지 모릅니다.

어느 날 TV를 보니까 한 할머니가 외출만 하면 밖에서 버려진 쓰레기들을 다 들고 오는 것이었습니다. 그걸 집안에 차곡차곡 쌓아둡니다. 거실에 쌓아두다가 자리가 없으니 모든 방에 쓰레기를 쌓아둡니다. 결국 시간이 지나니 방과 거실이 쓰레기로 가득 찼습니다. 주인이 누워 잘 공간도 없어졌습니다. 필요한 물건을 찾으려 하면 쓰레기 때문에 찾을 수가 없습니다. PD가 "도대체 왜 이런 쓰레기들을 모아서 방에다 두느냐?"고 물으니 대답을 안 합니다. 제가 보기에는 자신도 그 이유를 모르는 것 같았습니다.

우리도 인생을 살면서 버려야 할 것을 버리지 못하고 살 때가 많이 있습니다. 눈에 보이는 쓰레기는 버릴 줄 알아도, 눈에 보이지 않는 마음의 쓰레기는 차곡차곡 쌓아두고 사는 사람들이 얼마나 많은지 모릅니다. 거의 모든 사람들이 그런 마음의 쓰레기를 가지고 사는 것 같습니다.

우리 마음의 쓰레기는 무엇일까요? 원망, 시기, 질투, 미움 같은 것들입니다. 하나님이 보시기에는 빨리 제거해야 할 쓰레기로 보이는데, 우리 생각에는 버리고 싶지 않은 것들입니다. 그래서 아무리 용서하고 그 감정의 찌꺼기들을 제거해 버리라고 말해도 못하는 경우가 많습니다. 바쁠 때는 잊고 살다가도 시간이 나면 마음 깊이 숨겨 두었던 그 미움과 원망의 쓰레기를 꺼내서 음미합니다. 그리고 마음으로 또 범죄를 합니다. 그리고 다시 차곡차곡 내 마음 깊은 곳에 쌓아 둡니다.

그러니 아무리 우리가 예수님을 잘 믿으려고 노력하고, 예배에도 빠지지 않고 참석하지만 정작 우리 마음속에는 평안이 없습니다. 교회에 다니면서도 사람들만 보면 미움의 감정이 터져 나옵니다. 왜 이렇게 미워하는 사람이 많은지 모릅니다. 이 사람도 밉고 저 사람도 밉고! 그 많은 미움을 가슴속에 다 쌓아놓고 살려니까 힘이 듭니다.

이제 미움과 분노, 그리고 원망으로 가득 찬 마음을 하나님 앞으로 가지고 가야 합니다. 그리고 용서의 십자가 밑에 내려 놓아야 합니다. 그러면 진정한 평안과 쉼을 주시는 하나님의 은혜를 경험하게 될 것입니다. '용서'라는 것이 별것 아닌 것 같아 보일지 몰라도 용서하기 시작하면 놀라운 일들이 일어나는 것을 경험하게 됩니다.

나만 용서받으면 되나요?

> 너희가 각각 마음으로부터 형제를 용서하지 아니하면 나의 하늘 아버지께서도 너희에게 이와 같이 하시리라 마18:35

용서는 해도 되고 안 해도 되는 것이 아닙니다. 용서는 모든 사람이 반드시 해야만 하는 것입니다. 그렇게 해야 하는 가장 중요한 이유는 내가 용서할 때 하나님도 나를 용서하시기 때문입니다.

우리는 다 부족한 사람들입니다. 누군가 나를 향해 욕하면 화가 납니다. 당연히 모든 사람들이 그렇게 화를 냅니다. 그러나 곰곰이 생각해보면, 사실 '나' 라는 존재는 어떤 누군가가 나를 향해 욕한 것보다 더 악하고 더 못난 존재입니다. 내가 알고 있는 '나,' 그리고 하나님이 알고 계신 '나' 라는 존재는 훨씬 악하고 못난 존재입니다. 그러니 누군가가 나를 욕하는 것에 대해 기분나빠 하기 보다는 그저 당연한 것으로 여기는 것이 옳습니다. 그러나 대부분의 경우 그렇게 하지 못합니다. 의롭지 못한 존재이면서도 누군가로부터 비난의 소리를 들으면 참지 못합니다.

감사한 것은 그렇게 못난 '나'이지만, 하나님은 그런 '나'를 사랑하셨고, 모든 죄를 용서하시며 구원의 은총을 허락해 주셨다는 것입니다. 그러니 사도 바울의 고백과 같이 "내가 나 된 것은 하나님의 은혜"(고전15:10) 입니다.

이 사실이 정말 믿어진다면 우리는 세상의 그 누구도 정죄하거나 비난해서는 안 됩니다. 우리는 그렇게 할 자격이 없는 사람들이기 때문입니다. 마태복음 18장에 나오는 임금의 비유가 바로 이런 우리의 상황을 설명하는 비유입니다. 임금이 만 달란트 빚진 종의 빚을 탕감해 주었는데, 정작 그 탕감 받은 종은 자기에게 백 데나리온 빚진 자를 용서하지 못합니다. 그러자 임금은 그 종에게 분노했고, 용서를 철회하여 빚을 다 갚을 때까지 옥에 가두었다는 이야기입니다.

우리가 하나님 앞에 용서받은 용서의 크기는 측량할 수 없는 것임에도 불구하고, 자신에게 소소한 잘못을 저지른 이웃을 용서하지 못한다면 하나님이 기뻐하지 않으실 뿐 아니라 우리도 용서받지 못하는 자가 된다는 경고의 말씀입니다. 그런 점에서 보면, 나에게 잘못한 이웃을 용서하는 것은 그 사람을 위한 것이기 보다는 일차적으로 나 자신을 위한 것임을 알아야 합니다. 내가 용서할 때 하나님도 나를 용서하시기 때문입니다.

예수께서 대답하시되 첫째는 이것이니 이스라엘아 들으라. 주 곧 우리 하나님은 유일한 주시라 네 마음을 다하고 목숨을 다하고 뜻을 다하고 힘을 다하여 주 너의 하나님을 사랑하라 하신 것이요 둘째는 이것이니 네 이웃을 네 자신과 같이 사랑하라 하신 것이라 이보다 더 큰 계명이 없느니라 막12:29~31

성경에 있는 '내 이웃을 내 몸과 같이 사랑하라' 는 말씀은 너무나도 중요한 말씀입니다. 이것 보다 더 큰 계명이 없다고 예수님이 말씀하셨기 때문입니다. 사람은 누구나 사람을 어느 정도는 사랑을 하며 삽니다. 그러나 세상의 그 누구도 다른 사람을 자기 자신처럼 사랑하지는 않습니다. 이것은 내가 상대방을 얼마나 용서하는지를 보면 금방 알 수 있습니다.

스스로를 향해서는 아무리 나쁜 짓을 했어도 "사람은 다 그런 거야"하면서 자신을 용서합니다. 그러나 타인의 경우에는 다릅니다. 작은 실수에 대해서도 용서하지 못하고 이를 가는 경우가 많습니다. 예수님은 우리의 이런 이율배반적이면서 불완전한 사랑의 모습을 너무나 잘 알고 계셨습니다. 그래서 타인을 사랑할 때에는 자신을 사랑하는 것처럼, 즉 그 사람의 허물을 덮어줄 때, 자신의 잘못을 덮을 때처럼 덮을 수 있어야 그 사랑이 진정한 사랑이라는 점을 상기시켜 주신 것입니다.

그 때에 베드로가 나아와 이르되 주여 형제가 내게 죄를 범하면 몇 번이나 용서하여 주리이까? 일곱 번까지 하오리이까? 예수께서 이

르시되 네게 이르노니 일곱 번뿐 아니라 일곱 번을 일흔 번까지도 할지니라 마18:21-22

일곱 번씩 일흔 번이면 합이 490번입니다. 너무하다는 생각이 들 수도 있습니다. 일곱 번 용서하는 것도 힘든데, 일곱 번씩 일흔 번을 하라고 하시니 말입니다.

그런데 이 말씀의 진정한 의미는 더 깊고 심오합니다. 이 말씀은 누군가가 나에게 실수하면 490번 까지는 용서를 하고 그 다음은 용서 안 해도 된다는 말씀이 아니라, 얼마가 되었든 끝까지 용서해야 한다는 단호한 말씀이기 때문입니다. 예수님이 우리에게 이렇게 말씀하신 이유는 우리가 하나님의 은총을 입은 것은 우리 상상을 초월할 만큼 큰 것이기 때문입니다.

우리가 우리에게 죄지은 자를

마태복음 18장의 말씀 외에도 우리는 주기도문을 통해 용서에 대한 고백을 늘 합니다. '뜻이 하늘에서 이루어진 것 같이 땅에서도 이루어지리라' 하나님의 뜻을 위한 기도를 먼저 드리고, '오늘도 우리에게 일용할 양식을 주옵시고' 라고 하며, 일용할 양식에 대한 기도를 합니다. 그리고 그 다음 나오는 기도가 '우리가 우리에게 죄 지은 자를 사하여 준 것 같이 우리의 죄를 사하여 주옵시고' 라는 기도를 드립니다.

하나님의 뜻이 이루어지길 구하는 기도와 매일의 양식을 구하는 기도에 이어 나오는 기도가 용서에 관한 기도입니다. 우리는 아무 생각 없이 주기도문을 암송할 때가 많이 있습니다. 그렇게 아무런 생각이나 감동 없이 드린 주기도문의 속 깊은 내용은 '내가 먼저 나에게 잘못한 이웃을 용서하지 못하면, 하나님께서 내 죄와 허물도 용서해 주지 말아 달라' 는 기도입니다. 그러니 용서의 기도는 타인을 위한 기도이기 이전에 나 자신을 위한 기도입니다. 그런 점에서 용서는 우리의 기분이나 감정에 따라 '해도 되고 안 해도 되는' 그런 것이 아니라 반드시 해야만 하는 것입니다.

왜 용서하지 못할까요?

우리가 나에게 잘못한 사람을 용서하지 못하는 대부분의 이유는 아픔 아니면 자존심 때문입니다. 그 사람이 나를 아프게 했거나 자존심을 건드렸다는 것입니다. 어떤 면에서는 아픔 보다 자존심이 더 크게 작용을 합니다. "그 사람이 나를 아프게 했어"라는 말보다는 "내가 자존심으로 사는 사람인데, 나의 자존심을 건드렸으니 절대 용서 못해"라고 말하는 분들이 더 많습니다.

내가 그리스도와 함께 십자가에 못 박혔나니 그런즉 이제는 내가 사는 것이 아니요 오직 내 안에 그리스도께서 사시는 것이라 이제 내가 육체 가운데 사는 것은 나를 사랑하사 나를 위하여 자기 몸 을 버

리신 하나님의 아들을 믿는 믿음 안에서 사는 것이라 갈2:20

그리스도인은 어떤 사람인가요? 교회를 다니기만 한다고 해서 그리스도인이라고 할 수는 없습니다. 예수 그리스도의 죄 사함의 은총을 믿고 세례를 받은 사람으로, 이제는 내 뜻대로가 아니라 예수님의 뜻대로 살겠다고 결단한 사람이 그리스도인입니다. 이런 실천이 매일의 삶 속에 나타나지 않는다면, 아무리 오랫동안 교회를 다니면서 신앙생활을 했어도 그 사람은 진정한 그리스도인이라 말할 수 없습니다.

교인이 될 때 가장 먼저 행하는 성례전이 바로 '세례식' 입니다. 신앙생활을 하는데 있어서 세례는 매우 중요한 예식입니다. 단순히 물을 내 머리에 붓는 그런 하나의 절차나 행위가 아닙니다. 세례 속에는 중요한 믿음의 고백이 동반되기 때문입니다.

사람은 죽으면 누구나 땅에 묻힙니다. 마찬가지로 세례를 받을 때 신자는 물속에 몸을 다 담급니다. '세상적인 나' 는 이제는 죽어 땅에 묻혔다는 것을 고백하는 예식입니다. 물에 잠긴 몸이 물 밖으로 나오는 행위는 '이제부터 내가 예수님과 더불어 부활' 하였음을 상징하는 것입니다. 세상적인 '나,' 내가 주인인 '나' 는 이제 죽고, 예수님 안에서 새로운 피조물로 살아가겠다는 결단이 바로 세례입니다.

다시 말씀드리면, 우리가 세례 받은 신앙인으로 살아간다는 것은 세상을 향해서는 죽은 자처럼 살아가겠다는 것을 의미합니다. 그런데 대개의 경우 우리는 죽은 자가 아니라 죽은 척하며 살아갈 때가 많습니다. 자존심이 살아 있다는 말은, 내가 죽은 자가 아니라 죽은 척하며 살고 있다는 증거입니다. 평소에는 죽은 것처럼 잠잠하다가도 누군가 나를 욕하거나 비난하게 될 때 벌떡 일어나서 함께 비난을 하기 때문입니다.

죽은 자는 말이 없습니다. 누가 무슨 짓을 해도 꿈쩍하지 않습니다. 진짜 죽었기 때문입니다. 죽은 자는 어떤 공격이 있어도 아파하지 않습니다. 오늘 우리가 세상에서 신앙인으로 산다는 것은 이렇게 죽은 자의 삶을 사는 것입니다. 그러나 그렇게 산다는 것이 쉽지 않습니다. 저도 죽은 자로 살려고 수 없이 애를 써보았지만 순간순간 내 감정이 살아나고, 불의를 보면 참을 수 없는 마음이 올라옵니다. 그럴 때마다 주님 앞에 엎드려 기도합니다. "하나님 용서해주세요. 이렇게 죽기가 힘드네요. 그리스도와 함께 죽었다는 것이 말뿐입니다"

어떻게 하면 용서할 수 있을까요?

내 감정은 자기 스스로의 힘으로는 억제할 수 없습니다. 그래서 우리는 서로를 향해 용서하기가 힘든 것입니다. 그러나 그렇다고 해서 우리에게 용서할 수 있는 가능성이 전혀 없는 것은 아닙니다.

우리가 서로를 향해 진정으로 용서할 수 있는 길은 오직 하나님의 은혜에 깊이 잠겨 있을 때 가능해집니다. 그리고 하나님의 은혜가 얼마나 놀라운 것인지는 나 자신이 얼마나 부족하고 이기적이고 못난 존재인지 깨닫는 것에서부터 비롯됩니다. 정말 '나' 라는 존재는 용서받을 수 없을 만큼 끔찍한 존재라는 것을 깨달아야 합니다. 겉으로는 고상한 척 하지만, 속으로는 차마 입에 담을 수 없을 만큼 나쁜 생각과 감정으로 가득한 존재라는 것을 인정할 수 있어야 합니다. 그러면 그런 나를 위해 죽으신 예수님의 희생이 얼마나 놀라운 하나님 사랑인지를 알게 됩니다.

나를 용서하고 사랑하신 하나님의 그 은혜를 경험하고 나면, 사도 바울처럼 "죄인 중에 내가 괴수입니다"(딤전1:15)라는 고백을 하게 됩니다. 정말 주님의 사랑을 깨닫고 영의 눈이 열리게 되면, 하나님 앞에 자기 같은 죄인이 없다고 느끼게 됩니다. 그리고 이런 하나님의 은혜를 깊이 경험한 사람은 비로소 다른 사람도 자연스럽게 용서할 수 있습니다.

용서는 축복과 자유함의 열쇠

진실로 너희에게 이르노니 무엇이든지 너희가 땅에서 매면 하늘에서도 매일 것이요 무엇이든지 땅에서 풀면 하늘에서도 풀리라 마18:18

용서는 단순히 상대방을 용서하는 것으로 끝나지 않습니다. 사실은 용서 안에 엄청난 하나님의 은혜와 축복이 있습니다. 우리는 상대를 용서하는 것으로 불편한 감정이 해소된다고 생각하지만, 그것으로 끝이 아닙니다. 그 이상의 놀라운 은혜가 있습니다.

우리가 용서할 때 우리를 묶고 있던 많은 저주의 끈이 풀어집니다. 땅에서 풀면 하늘에서도 풀려지는 은혜가 임하는 것입니다. 그 결과 용서한 사람들은 그리스도 안에서의 진정한 자유가 무엇인지를 알게 되고 누리게 됩니다. 영적으로 막힌 것들이 뚫어지고, 그 뚫려진 통로로 하나님의 은혜와 축복이 넘치도록 임하게 됩니다.

교회에 열심히 나가고, 기도도 많이 하는 분들 중에도 마음에 평화가 없이 어렵게 사는 분들이 많이 있습니다. 하나님께서 저런 분들을 잘되게 하셨으면 좋겠는데, 왜 안 되는지 참 안타깝게 여겨지는 분들이 있습니다.

물론 거기에는 여러 가지 원인이 있을 수 있습니다. 자신의 잘못으로 고통당하는 사람들도 있고, 사탄의 공격으로 어려움을 당하는 사람들도 있습니다. 또 그 중에는 하나님의 연단 가운데 계신 분들도 있습니다. 그런데 이런 고통의 시기를 보낼 때 지혜로운 신앙인이라면 두 가지를 점검해 보아야 합니다. 첫째는 하나님 앞에서 범죄한 것이 있는지를 살펴보아야 하고, 둘째는 자신이 마음으로부터 미워하면서 용서하지 못하는 사람이 있는가를 살펴보아야 합니다.

우리는 인생의 무게가 버겁다고 이야기하지만, 사실은 내 안에 쌓여 있는 원망과 미움의 무게가 버거운 것입니다. 그것을 내려 놔야 자유함을 얻는데 그러지 못합니다. 무거운 짐을 들고 있으면서 편안할 수는 없습니다. 아무리 가벼운 물 컵이라도 오래 들고 있으면 힘이 드는 법입니다.

> 그러므로 예물을 제단에 드리려다가 거기서 네 형제에게 원망들을 만한 일이 있는 것이 생각나거든 예물을 제단 앞에 두고 먼저 가서 형제와 화목하고 그 후에 와서 예물을 드리라 마5:23-24

예수님은 예물을 제단에 드리는 것이 우선이 아니고 형제와 화목한 관계가 먼저라고 말씀하셨습니다. 용서의 관계가 먼저 이루어지지 않으면 하나님은 우리가 교회에서 행하는 그 어떤 것도 받으실 수가 없기 때문입니다.

> 여호와의 손이 짧아 구원하지 못하심도 아니요 귀가 둔하여 듣지 못하심도 아니라 오직 너희 죄악이 너희와 너희 하나님 사이를 갈라놓았고 너희 죄가 그의 얼굴을 가리어서 너희에게서 듣지 않으시게 함이니라 사59:1-2

용서하지 못하면 하나님과 우리 사이의 길이 가로막힙니다. 그러니 아무리 기도하고 애를 써도 하나님의 은혜를 받을 수 없게 됩니다. 정말 우리가 하나님의 은혜와 인도하심 속에 살기 원한다면 먼저 원한 관계가 풀어져야 합니다. 그리고 원한 관계가 풀어지기 위해서는 내가 먼저 용서해야 합니다.

제가 어렸을 때 저희 집 앞마당에 수도가 있었는데, 겨울이 되면 종종 수도관이 얼었습니다. 수도관이 어니까 아무리 수도꼭지를 틀어도 물이 나오지를 않습니다. 물이 없어서 안 나오는 것이 아니라 통로가 막혔기 때문에 물이 안 나오는 것입니다.

우리가 하나님께 받는 축복의 통로도 때로 얼어있는 경우가 있습니다. 우리의 마음이 차갑고 냉랭하고 용서하지 못하는 것 때문에 얼어 있습니다. 그래서 아무리 기도해도 하나님의 축복을 얻지 못합니다. 수도꼭지를 아무리 돌려도 물이 안 나오는 것과 같은 원리입니다. 수돗물을 얻으려면 먼저 관을 녹여야 합니다. 이 얼어 있는 것을 녹이는 것이 바로 용서입니다.

현대를 살아가는 대부분의 사람들은 자신들도 모르는 사이에 많은 갈등과 원망의 관계 속에서 살아갑니다. 그러기에 성공을 해도 마음에 기쁨이 없고 돈을 많이 벌어도 행복한 줄 모릅니다. 그래서 술도 마시고 마약도 해보지만 그런다고 해서 기쁨과 만족을 얻을 수는 없습니다. 오히려 더 큰 허탈감에 빠지고 맙니다. 용서함 없이 자유함을 얻을 수 있는 길은 없습니다.

때로 용서하지 못하는 마음 때문에 육신의 병이 생기는 경우도 있습니다. 어떤 목사님이 간증을 하시는데 교인 한 분이 자고 일어났더니 목이 아프더랍니다. 병원에도 가 보았지만 낫질 않습니다. 시간이 가면 갈수록 상태가 점점 나빠졌습니다. 결국 목사님께 안수기도 받겠다고 찾아 왔습니다.

이 목사님이 그분을 위해 기도를 하시는데 뭔가 냉랭하고 싸늘한 느낌이 들었다고 합니다. 그래서 기도를 끝내고 질문을 했습니다. "혹시 집사님, 미워하는 분이 있습니까?" 그러자 이분이 갑자기 당황하시더니 눈물을 흘리며 울기 시작했는데 한참을 우시더라는 것입니다. 그러면서 "목사님, 사실은 제 남편이 싫습니다. 저는 제 남편을 미워하고 있어요"라고 고백을 하더랍니다.

그러면서 남편에게 서운했던 것을 다 이야기 하는데 끝도 없이 이야기를 합니다. 이 목사님이 그 이야기를 듣고 있자니까 '이렇게 많은 것을 마음에 담아 두니 어찌 병이 안 걸리겠나' 싶은 생각이 들었다고 합니다. 그리고 처방을 내렸습니다.

"가정의 평화를 위해서도 그렇고, 집사님의 신앙생활을 위해서도 그렇고 용서하셔야 합니다. 그렇게 많은 것을 마음에 담아두니 신앙생활을 해도 기쁨이 없고 오히려 병이 생긴 것입니다. 남편을 그동안 미워하고 용서하지 못한 것을 회개하세요. 그리고 남편을 용서하세요"

그러자 이 부인이 말합니다.

"잘못한 것은 남편인데 제가 왜 회개를 하고, 그 사람은 자신이 잘못한 것을 깨닫지도 못하면서 지금도 혼자 신나게 잘 살고 있는데 왜 제가 용서를 해야 합니까? 불공평합니다"

이 말을 들은 목사님이 다시 한 번 이야기를 합니다.

"누구를 용서하지 못하는 것도 성경말씀은 죄라고 증거하고 있습니다. 그러니 회개를 해야 합니다"

그러자 이분이 깜짝 놀라면서 "이런 경우도 제가 회개해야 합니까?"라고 묻더라는 것입니다. 목사님은 다시 한 번 목에 힘을 주어서 "그것도 죄입니다"라고 말해 주었습니다.

결국 그 집사님은 목사님의 말씀대로 그 자리에서 회개를 했습니다. "하나님께서 우리에게 용서하는 삶을 살라고 하셨는데 저는 그렇게 살지 못했습니다" 그 자리에서 회개 기도를 하기 시작했는데, 회개하다 보니까 눈물바다가 되었습니다. 그리고 진심으로 회개하니 성령이 임하셨고, 성령이 임하시니 기쁜 마음으로 남편을 용서하게 되었습니다.

다음 날 이 집사님에게서 전화가 왔는데, "목사님 다 나았어요"라고 하더랍니다. 회개하고 용서하니 치유가 임한 것입니다. 이런 현상은 의학적으로나 논리적으로 설명할 수 없는 일입니다. 우리가 설명할 수 있는 전부는, 아픔 속에서 미운 남편 용서하지 못한 것을 회개했고, 성령의 도우심으로 남편을 용서했다는 것이 전부입니다. 그리고 그 다음 날 일어나 보니 목에 있던 통증이 사라진 것입니다. 우리는 신앙생활을 하면서 이런 놀라운 일을 경험할 때마다 하나님을 찬양하지 않을 수 없습니다.

우리가 잘 아는 이야기 중에 아프리카에서 원숭이 잡는 방법이 있습니다. 방법이 단순합니다. 병 입구가 작은 호리병 속에 먹을 것을 넣어 두고, 그 호리병을 큰 나무에 묶어 두면 됩니다.

원숭이는 원래 욕심이 많아서 먹을 것을 한번 손에 쥐면 절대 놓지를 않습니다. 호리병은 입구가 좁아서 손을 펴면 들어가지만, 먹을 것을 손에 잡으면 호리병에서 손을 뺄 수가 없습니다. 먹을 것이 담긴 호리병을 큰 나무에 묶어 두면, 먹을 것을 손에 쥔 원숭이는 그냥 사람에게 잡히고 마는 것입니다. 먹을 것을 포기하고 손을 펴면 살아날 수가 있지만 그러지를 못합니다. 자기 욕심을 생명과 바꾸는 어리석은 모습이 아닐 수 없습니다.

그런데 이런 어리석은 원숭이의 모습이 우리의 모습과 별로 다르지 않다는 것을 알 수 있습니다. 내 생명을 잃으면서까지 포기하지 못할 것은 없습니다. 이론적으로는 그렇습니다. 그러나 현실적으로는 반대입니다. 정작 생명을 잃으면서도 세상적인 욕심을 포기하지 못하는 것이 우리들의 모습입니다. 예수님은 우리를 향해 놓으라고 말씀하시는 것이 많이 있습니다. 포기하라고 말씀하시는 것도 많이 있습니다. 그러나 우리는 항상 주님을 향해 "안 됩니다. 그럴 순 없습니다. 하나님, 왜 저에게 이렇게 힘든 것을 요구하십니까!" 이렇게 항변하면서 포기해야 할 것을 포기하지 못합니다.

  저희 교회 유치부에 다니는 한 아이가 있는데, 먹는 것을 얼마나 좋아하는지 늘 입에 먹을 것을 물고 사는 아이입니다. 어느 날, 이 아이가 두 손에 과자를 쥐고 오는데 갑자기 궁금한 생각이 들어서 작은 실험을 해 보았습니다.

  이미 두 손에 과자가 있는데, 내가 먹을 것을 하나 더 주면 아이가 어떻게 반응할지가 궁금했습니다. 그래서 과자 하나를 들고 아이를 불렀습니다. 그러자 이 아이가 저에게로 막 달려왔습니다. 그리고 잠시 어찌할 바를 알지 못해 머뭇거리더니 제 손에 있는 과자를 입으로 물고 가는 것이었습니다. 이것을 어떻게 설명해야 할지 몰라 잠시 난감했던 적이 있었습니다. 어찌 보면 아이가 지혜롭다고 말할 수도 있겠지만, 어린 아이임에도 포기할 줄 모르는 욕심이 있다는 것도 알게 되었습니다.

  우리는 세상을 살면서 포기해야 할 것은 포기하고, 또 내려 놓아야 할 것은 내려놓기 싫어도 내려 놓아야 합니다. 그 중에 가장 중요한 것, 꼭 포기하고 내려놓아야 할 것이 있는데 남을 미워하는 마음입니다. 용서하지 못하는 마음은 반드시 내려 놓아야 합니다. 이것은 우리의 생명과 직결된 것이기 때문입니다. 또 세상을 살면서 고난을 당하게 되는 원인이기 때문입니다. 그래서 하나님은 때로 당신의 사랑하는 자녀들에게 '손에 들고 있는 것을 내려 놓으라' 말씀하실 때가 있습니다. 그것은 우리를 골탕 먹이기 위함이 아니라, 우리를 살리시고 축복하시기 위함입니다.

주일 예배 후 많은 분들이 안수기도를 받기 위해 저를 찾아옵니다. 저는 기도해 주기 전에 이런 저런 대화를 먼저 합니다. 문제가 무엇인지 대충이라도 알아야 분명한 기도를 해 드릴 수 있기 때문입니다.

대부분의 상담 내용은 사업의 어려움 아니면 가족 간의 불화, 그리고 질병과 건강에 관한 것입니다. 그런데 사실 이런 문제는 겉으로 드러난 것일 뿐 내면의 문제는 미움과 원망, 상처와 분노가 가득한 것을 알 수 있습니다.

뭔가로 가득 채워져 있는 잔에는 새로운 것을 넣을 수가 없습니다. 잔을 먼저 비워야 새로운 물을 채울 수 있는 것처럼, 하나님의 은혜를 받기 위해서는 먼저 비워야 합니다. 그래서 기도를 받기 위해 오신 성도님들에게는 먼저 비우라는 권면을 합니다. 내 마음에 기쁨을 담기 원하면 "예수님의 보혈로 용서하지 못하고, 저주하고, 원망하고, 절망했던 것 다 씻어 주시옵소서. 다 비워 주시옵소서"라고 회개하라 말씀드립니다. 다 비우고 주님의 은혜로 채우라는 것입니다.

기쁨과 감사와 하나님의 사랑으로 채워 가다 보면 새롭게 출발할 수 있습니다. 용서는 비워내는 작업입니다. 내 안에 있는 감정의 쓰레기들을 자존심 때문에 쌓아두지 말아야 합니다. 분한 감정, 미워하는 감정, 용서하지 못하는 마음들을 다 씻어 내야 합니다. 그러면 모든 것들이 시원해질 것을 그렇게 하지 못하니까 그냥 사는 것이 힘들 뿐입니다. 용서하고 내려놓을 때 참 자유와 축복을 누릴 수 있습니다.

용서와 진정한 찬양

사람이 진정한 찬양을 부를 수 있다는 것은 크나큰 축복입니다. 왜냐하면 찬양 중에는 항상 하나님이 임재하시기 때문입니다. 그리고 하나님이 임재하시면 기적의 역사, 승리의 역사가 일어나기 때문입니다.

> 이스라엘의 찬송 중에 계시는 주여 주는 거룩하시니이다 시22:3

그런데 진정한 찬양을 부르기 위해서도 용서는 필수적으로 선행되어야 할 일입니다. 타인을 향한 용서 없이 진정한 찬양이 있을 수 없습니다. 또한 하나님으로부터 용서받았다는 감격이 없어도 진정한 찬양을 부를 수 없습니다. 찬양은 마음 깊은 곳에서부터 나와야 하는데, 우리 마음 깊은 곳에 미움과 원망이 있다면 진정한 찬양이 될 수 없습니다. 그리고 찬양의 본질이 감사인데 내가 진정으로 용서 받았다는 확신 없이 진정한 감사가 나올 수는 없습니다.

　오래 전에 유명한 찬양사역자가 한국에 와서 찬양사역을 했습니다. 이 분이 찬양에 대해 간증을 하는데, 어느 날인가 자기 아들이 큰 잘못을 한 적이 있었답니다. 그래서 그 아들을 야단치기 위해 불렀더니 잔뜩 긴장을 하고 아버지에게 오더랍니다. 그 모습을 보니 불쌍한 마음이 들었습니다. 그 때, 성령님께서 그 마음에 감동을 주시는데 '아들을 용서하라' 는 마음이었습니다. '너도 하나님 앞에 수많은 잘못을 했지만 내가 용서하지 않았니? 그러니 너도 네 아들을 용서해야 한다' 라고 말씀하시더랍니다. 그래서 아들에게 "아버지도 하나님 앞에 잘못한 것이 많이 있었지만 하나님이 이 아빠를 용서해 주셨다. 그러니 나도 네가 잘못한 것을 알지만 용서해 주마"라고 이야기 했습니다.

　그러자 아들은 의외라는 듯이 아버지의 얼굴을 보면서 조금씩 뒷걸음질 치다가 이내 밖으로 뛰쳐나가면서 "아버지가 나를 용서해 줬다"고 크게 소리치며 엄마에게 달려가더라는 것입니다. 아들의 이 모습을 보는데 성령님께서 깨닫게 하시는 것이 있었답니다. '아들의 저 외침이 진정한 찬양이다' 그 순간 이 찬양 사역자는 찬양의 본질이 무엇인지를 깊이 알게 되었다고 합니다.

　'음악이 아름답다고 찬양이 아니고, 아버지가 나를 용서해줬다는 것을 이야기하는 것이 찬양이구나!' 이것을 깨닫고 찬양할 때 놀라운 기름부음이 임하는 것을 경험하게 되더라는 이야기입니다. 용서의 감격과 감동이 없는 찬양은 진정한 찬양이 아닙니다.

CHAPTER 08

예배는 왜 드려야 하는 것일까요?

예배는 왜 드려야 하는 것일까요?

우리 그리스도인들은 살아가는데 있어서 두 가지를 잘해야 합니다. 그 중 하나가 '감사'이고 하나가 '용서'입니다. 나 같은 죄인을 용서하시고 구원해 주셨으니 감사가 있어야 하는 것이고, 나도 용서함을 받았으니 나 역시 이웃을 용서해야 합니다. 그런 점에서 이두 가지는 나 자신이 그리스도인인지 아닌지를 구별하는 척도라 말해도 과언이 아닐 것입니다.

우리 삶 속에서 이 두 가지가 만나는 자리가 있습니다. 그 곳은 다름 아닌 '예배'의 자리입니다. '예배' 드리는 자리는 정말 귀한 공간입니다. 그 안에서 용서가 일어납니다. 그래서 그 안에서 기쁨이 일어나고 감사가 일어납니다. 그 자리에 하나님의 임재가 있게 되니 자연스럽게 치유도 일어납니다. 그런 점에서 볼 때, 예배의 자리는 놀라운 은총의 자리라 말할 수 있습니다.

그런데 어떤 분들은 이렇게 귀한 예배를 지루해 합니다. 마음을 다하여 예배를 드리지 못합니다. 그러니 당연히 예배 속에 있는 기쁨과 은혜를 누리지 못합니다. 예배의 공간에 앉아 있으면서도 예배의 은총을 누리지 못하는 것입니다. 마치 먹을 양식을 쌓아 두고도 먹지 못해 배고파 하는 것과 같습니다.

'인간'을 그리스어로 '안스로포스'(anthropos)라고 이야기 합니다. '안스로포스'라는 말은 '위를 바라보는 존재'라는 뜻입니다. 세상에 많은 동물들이 있지만 예배하는 동물은 없습니다. 오직 사람만이 위를 바라보고 하나님을 향해서 예배할 줄 아는 존재입니다. 사람만이 그렇게 하는 이유는 오직 사람만이 하나님의 형상을 따라 지음 받았기 때문입니다. 그래서 사람이 예배를 드린다는 것은 '내가 정말 하나님의 형상을 따라 지음 받은 인간'임을 증명하는 행위입니다. 즉, 사람은 예배를 통해서 우리의 정체성을 정확하게 인식할 수 있습니다.

우리가 잘 아는 그림 중에 밀레의 '만종'이라는 그림이 있습니다. 넓은 들녘에서 열심히 땀 흘리며 일하는 부부가 어디선가 들려오는 교회 종소리를 들으면서 잠시 하던 일손을 멈추고 기도하는 그림입니다.

이 그림은 돈으로 가격을 정할 수 없을 만큼 귀한 그림이 되었는데, 그 이유는 그림 속에 담겨 있는 세 가지 '신성' 때문이라고 합니다. 가정의 신성, 노동의 신성, 그리고 예배의 신성입니다. 바쁘게 움직이던 일손을 멈추고 하나님의 은혜를 기억하며 기도할 수 있다고 하는 것은 사람만이 할 수 있는 귀하고 아름다운 일이기 때문입니다.

인간답게 사는 것은 하나님께 예배하고 모든 영광을 하나님께 돌리는 것입니다. 꽃이 각각의 모양대로 아름답게 피어서 창조의 영광을 나타내는 것처럼, 인간은 만물의 영장인 인간답게 살면서 창조의 목적을 이루어야 합니다. 그리고 인간다움의 첫 번째 조건이 바로 예배입니다. 우리가 하나님으로부터 만들어진 존재라는 것을 분명히 밝히는 행위이기 때문입니다. 그러나 많은 경우 예배의 기쁨과 감격을 상실한 채 매너리즘과 형식주의에 빠진 예배를 드릴 때가 얼마나 많은지 모릅니다.

제가 논산훈련소에서 훈련 받을 때의 일입니다. 훈련을 받는 한 달 동안 주일이 되어도 교회에 보내질 않았습니다. 군기를 잡는다는 이유에서였습니다. 한 달 동안 주일이 되면 총기를 청소해야 했습니다. 또 군인 생활 수칙 등 암기해야 할 것도 많았습니다. 새벽에 일어나서 훈련을 받고 돌아오면 지쳐서 쓰러지듯이 잠자리에 들었고, 또 다시 새벽이 되면 피곤이 풀리지도 않은 상태에서 훈련을 받았습니다. 너무 힘이 들었습니다. 혼자서 따로 예배를 드리는 것은 엄두도 내지 못했습니다. 어려서부터 주일이면 너무나도 자연스럽게 교회에 가서 예배를 드렸던 저로서는 주일에 예배를 드리지 못한다는 것이 그렇게 어색할 수가 없었습니다.

한 주가 지나고, 두 주가 지나니 예배를 못 드려 죽을 것처럼 고통스러웠습니다. '군대' 라는 특수한 공간에 갇혀서 지내다 보니 더 견딜 수가 없었습니다. 그렇게 한 달이 지나고 다섯 번째 주가 되었는데, 주일 아침에 종교 활동 할 사람들은 모이라더니 교회에 보내 주었습니다. 5주 만에 교회에 가게 된 것입니다.

두근거리는 마음을 누르면서 훈련소에 있는 교회 안에 들어갔습니다. 교회 안에 들어서는 순간부터 눈물이 얼마나 나는지요. 왜 눈물을 흘리는지 이해할 수가 없었습니다. 그런데 주변을 보니 저만 우는 것이 아니었습니다. 처음 교회에 온 모든 훈련병들이 다 울고 있었습니다.

그 동안 훈련 받으면서 힘들었던 설움이 다 터져 나오는 것 같았습니다. "아버지, 나 왔어요"하며 어린 아이가 어머니 품에서 투정 부리듯이 눈물이 줄줄 흐르는데, 예배를 어떻게 드렸나 모릅니다. 앉아서 울기만 하다가 온 것 같았습니다. 그때 '예배라는 것이 이렇게 귀한 것이로구나!' 하는 것을 절실히 느꼈습니다.

요즘은 예배를 드릴 수 있는 기회가 너무 많다 보니, 성도님들 중에 그 가치를 알지 못하고 소홀히 여기는 분들이 많이 있습니다. 안타까운 일입니다. 예배는 이 세상에서 행하는 많은 일들 가운데, 가장 가치 있는 일임을 알아야 합니다.

왜 눈물이 나는지 모르겠어요

예배의 자리에는 하나님이 항상 함께 하십니다. 그래서 예배를 드릴 때 놀라운 기적이 일어나고 치유의 역사가 일어납니다. 이것은 빛이 있는 곳에 어둠이 물러가는 것과 같은 이치입니다. 어둠이 빛을 이기는 법은 없습니다. 항상 빛이 어둠을 이기게 되어 있습니다. 예배의 자리는 빛 되신 하나님이 함께 하시는 자리입니다. 그러기에 예배를 드릴 때 어둠의 세력은 물러가게 되어 있습니다.

> 참 빛 곧 세상에 와서 각 사람에게 비추는 빛이 있었나니 그가 세상에 계셨으며 세상은 그로 말미암아 지은 바 되었으되 세상이 그를 알지 못하였고 요1:9-10
> 두세 사람이 내 이름으로 모인 곳에는 나도 그들 중에 있느니라 마18:20

세상에 오신 빛은 바로 '예수님'이십니다. 그리고 예수님은 우리가 당신의 이름으로 모인 곳에 함께 하실 것이라고 약속하셨습니다. 많은 무리가 아니라 단 두세 사람만 모여도 함께 하시겠다고 약속하신 것입니다. 이 약속의 말씀을 철저히 신뢰하고 보면, 우리가 예수님의 이름으로 드려지는 예배에는 항상 우리 주님이 함께 하십니다.

이 말씀 속에는 세상이 이해할 수 없는 놀라운 신비가 담겨 있습니다. '빛' 되신 예수님이 거하신 예배의 자리에는 하나님의 영광이 임재하게 되어 있고, 그 결과 어둠의 권세는 물러갑니다. 그래서 예배를 드리다 보면 여러 가지 놀라운 기적을 경험하게 됩니다. 불치병이 낫는 치유의 역사가 일어나기도 하고, 풀리지 않던 사업의 문제나 가정의 문제가 기적적으로 해결되기도 합니다. 사람의 노력에 의한 것이 아니라 어떻게 해결된 지도 모르게 해결되는 경우들이 종종 있습니다. 또 염려와 근심 걱정으로 가득한 마음에 알 수 없는 평안이 임하기도 합니다. 그러면 신기하게도 염려가 되지 않습니다. 예배를 통해 담대함을 얻기도 하고 지혜를 얻기도 합니다.

그래서 저는 종종 기도하시는 분들에게 저희 교회 예배를 위해서 기도요청을 합니다. 형식적이고 습관적인 예배가 아니라 살아 있는 예배가 되도록, 하나님의 영광이 충만히 임하고 악한 영, 어둠의 권세가 틈타지 않는 예배가 되도록, 그리고 치유의 역사가 넘쳐나는 예배가 되도록 기도부탁을 합니다. 그러자 시간이 지날수록 예배를 통해 놀라운 기적을 체험했다는 간증들이 끊이지를 않게 되었습니다.

저희 교회에 새신자가 한 분이 오셨습니다. 이분은 교회에 다녀 본적이 없으신 분이셨고, 오히려 교회에 대해 불편한 마음이 많이 있었던 분이었습니다. 그러나 친구의 강요를 통해 억지로 교회에 오게 된 분입니다. 그런데 신기한 것은 그렇게 내키지 않은 마음으로 와서 예배에 참석했지만 이상하리만큼 평안한 마음이 들었다고 합니다. 풀리지 않는 생활의 문제로 마음이 늘 불안하고 두려웠는데, 예배를 드리는 동안은 신기하게도 두려운 마음이 사라지고 마음이 평안했다는 것입니다. 그래서 첫날임에도 예배 후에 집에 가지 않고 한참 동안을 혼자 성전에 앉아 있었다고 간증하는 것을 들었습니다.

이 분은 예배가 뭔지도 잘 모르고, 성경말씀이 무엇인지도 잘 모르는 분이었지만, 예배의 자리에 앉아 있을 때 어머니의 품에 안긴 것처럼 포근함을 느꼈고, 어느 순간인가부터 예배만 드리면 눈물이 나기 시작하는데, 찬송시간에도 울고, 기도시간에도 울고, 설교를 듣는 시간에도 울었습니다. 매주 예배 시간마다 눈물이 나는데 이상하게 마음에는 큰 평안이 있었답니다. 그래서 주일만 예배에 참석하는 것이 아니라 새벽과 수요일, 금요 저녁예배까지 참석을 하고 있습니다. 그 동안 이렇게 좋은 예배를 옆에 두고 세상적인 염려와 근심 속에 살았던 지난날이 후회된다고 하였습니다.

어느 주일날, 이 분이 저를 찾아와 이게 도대체 무슨 일인지를 물었습니다. 그때 저는 "성경 말씀처럼 하나님은 살아계신 하나님이시랍니다. 그 하나님이 이 예배의 자리에서 성도님의 마음을 만지시기 때문입니다"라고 답해 주었습니다. 이 성도님은 본인이 예배의 자리에서 직접 신비한 경험을 한 터인지라 제 말을 의심하지 않고 믿었습니다.

또 어떤 성도님은 사회적 지위도 있고 능력도 있는 분입니다. 교회의 도움 없이도 지금까지 자수성가해서 잘 사시는 분입니다. 그런데 어느 날 아내가 교회에 가야 된다고 하니, '아내가 저렇게 원하는데 내가 교회를 가야지' 하는 마음을 가지고 교회에 오셨다고 합니다. 그런데 예배를 드리려고 자리에 앉는 순간부터 제가 훈련소에서 울었던 것처럼 펑펑 우는데, 왜 우는 지도 모르겠고 민망스러웠지만 눈물을 멈출 수가 없었다고 합니다.

모든 사람은 의식 세계에서 인식하지 못하는 내면의 깊은 부분이 있습니다. 이 깊은 부분에 사람들은 아픔을 담아 두고 살아갑니다. 살면서 점차 아픔을 잊게 되지만 그렇다고 그 아픔이 사라지는 것은 아닙니다. 여전히 마음 깊은 곳에 상처로 남아 있습니다. 그런데 그런 상처, 자신도 기억하지 못하는 그런 부분들을 하나님은 예배의 자리에서 때로는 위로해 주시고, 때로는 치유해 주십니다. 그래서 눈물이 나기도 하는 것입니다.

예배에는 이런 놀라운 은혜가 있습니다. 그래서 예배를 잘 드리는 사람은 신앙생활에 승리하게 됩니다. 바꾸어 말하면, 신앙생활에 승리하기 위해서는 먼저 예배의 자리에 바로 서 있어야 합니다. 그리고 신앙생활에 승리하는 사람은 세상을 살아가는 데 있어서도 승리하게 되어 있습니다.

예배가 날 위해 드리는 것이라고요?

많은 사람이 예배에 대해 오해하는 부분이 있습니다. 그것은 예배가 자신을 위한 것이라고 생각한다는 점입니다. 우리 집이 잘되고 사업이 잘 되기 위해서 예배를 드립니다. 모든 예배의 중심에 자기 자신과 가정, 축복이 있습니다. 이것은 예배에 대해 잘못 오해하고 있는 것입니다.

예배는 사람을 위해서나 가정의 축복을 위해 드리는 것이 아니라, 하나님께 드려지는 것입니다. 예배는 하나님의 영광을 위해 드리는 것이지, 나를 위해서 드리는 게 아니라는 말입니다. 그런데 많은 경우 어떤 문제가 생기면 '교회에 가서 예배라도 드려야지' 하며 교회에 오는 경우가 많이 있습니다. '도저히 못 견디겠어. 불안해서 못 살겠어. 예배라도 드려서 은혜도 받고 내가 좀 살아야 되겠어' 하는 마음을 가지고 오기도 합니다. 그러나 예배는 나를 위한 것이 아니고, 하나님을 위한 것이라는 점을 잊지 말아야 합니다. 그래야 예배의 자리에서 실수하지 않을 수가 있고, 또 바른 예배를 드릴 수 있기 때문입니다.

> 하나님은 영이시니 예배하는 자가 영과 진리로 예배할지니라
> 요4:24

요한복음의 증언처럼 우리가 하나님을 예배할 때에는 영과 진리

로 드려야 합니다. 그러나 사람들 중에는 영과 진리가 아니라 육적이고 세상적인 축복을 위해 예배드리는 경우가 많이 있습니다. 예배의 자리에서는 하나님에 대한 갈망이 있어야 하는데, 때로 하나님보다 축복이 더 간절할 때가 많다는 것입니다. '예배는 나와 내 가족을 위해서 드리는 것'이라는 생각이 바로 육적 예배의 증거라는 말입니다.

개업예배를 드릴 때에도 돼지 머리를 놓고 고사를 지낼 수는 없으니 대신 예배를 드립니다. 그런데 그 예배 속에 담긴 마음은 돼지 머리를 놓고 고사를 지낼 때 품는 마음과 별로 다르지 않습니다. 돈 많이 벌면 좋겠다는 마음입니다.

사실 개업예배의 의미는 '이 사업장이 나의 것이 아니라 하나님의 것입니다. 그러니 내가 잘되는 것도 좋겠지만 하나님의 영광이 드러나길 원합니다. 하나님, 이 사업장을 당신의 나라를 위한 도구가 되게 해주옵소서'라는 것이 되어야 합니다.

> 노아가 여호와께 제단을 쌓고 창8:20
> 이에 아브람이 장막을 옮겨 헤브론에 있는 마므레 상수리 수풀에 이르러 거주하며 거기서 여호와를 위하여 제단을 쌓았더라 창13:18

성경에 보면 아브라함도 자신을 위해 하나님께 제단을 쌓지 않았습니다. "여호와를 위하여" 제단을 쌓았습니다. 노아도 방주에서 나온 후 처음으로 행한 것이 하나님께 제단을 쌓았습니다. 자신을 축복해 달라고 제단을 쌓은 것이 아니었습니다.

부끄러운 고백이 있습니다. 제가 평소에 몸이 건강하지 못한 편인지라 늘 하나님께 건강을 달라고 기도해 왔습니다. 20년이 넘도록 앓던 지병이 있어서 늘 이 병을 고쳐달라고 기도했습니다. 하루는 작정을 하고 기도원에 들어가서 기도하기 시작했습니다. 응답을 받을 때까지 내려가지 않으리라 결단을 했습니다.

하루가 지나고 이튿날 저녁, 저만의 캄캄한 독방에서 떼를 쓰면서 기도를 하기 시작하는데, 갑자기 하나의 그림이 제 머릿속을 스치고 지나갔습니다. 한 문둥병자의 모습이었습니다. 기도하다가 어리둥절해져서 "이게 뭐지?"하는 생각을 하는데, 마치 하나님이 "이것이 너의 모습이면 어떻게 할 것이냐?"고 묻는 것 같았습니다. 잠기 기도를 멈추고 생각에 잠기게 되었습니다. "이것이 나의 모습이라면 나는 어떻게 인생을 살고 있을 것인가?" 갑자기 가슴이 답답해지기 시작했습니다. 그 순간 또 하나의 그림이 제 머리를 스치고 지나갔는데, 그것은 제가 식물인간이 되어서 꼼짝 못하고 침대에 누워있는 모습이었습니다. 다시 생각했습니다. "이것이 나의 모습이라면 나는 하나님을 향해 어떻게 반응할 것인가?" 한두 달 정도는 하나님을 향해 원망도 하고 세상을 비관도 해보겠지만, 그 다음에는 썩어 문드러진 손으로 박수를 치면서 하나님을 찬양하고 있을 것 같았습니다. 꼼짝 못하고 침대에 누워있게 된다면, 잠시 하나님을 원망할 수 있겠지만, 그 다음에는 누워서 찬송을 들으며 하나님 은혜에 눈물 흘리고 있을 것 같았습니다. 그 순간 지금 내가 하나님 앞에 터무니없는 생떼를 쓰고 있다는 생각이 들었습니다. 그저 하나님이 "내 은혜가 네게 족하다" 하시면 족한 것인데, 하나님 앞에 투정을 부리고 있는 나 자신이 어리석어 보였습니다.

생각이 여기에 이르게 되니, 불평하고 원망하던 기도가 회개의 기도로 바뀌었습니다. 그런데 아무리 용서해 달라고 기도하고, 내가 어리석었기 때문이라고 기도를 해도 하나님이 더 이상 내 기도를 듣지 않으시는 것처럼 여겨졌습니다. 갑자기 두려운 생각이 들었고, 마치 지금 땅이 갈라져 모세를 대적하던 '고라' 무리들이 땅 속으로 떨어진 것처럼(민16장) 지금 내가 선 땅이 갈라져 내가 땅 속으로 떨어질 것 같은 두려움이 엄습해 왔습니다. 이 두려움 때문에 더욱 간절하고 큰 소리로 하나님께 용서를 구하기 시작했습니다. 순간 온 몸에 두드러기가 올라왔고, 가려움증에 견딜 수가 없었습니다. 캄캄한 밤중에 밖에는 눈이 쌓여 있었지만, 저는 밖으로 뛰쳐나와 눈으로 온 몸을 문지르기 시작했습니다. 추운 겨울이었지만 추운 줄 몰랐습니다.

그렇게 한참을 울며 회개기도 하니, 잠시 후 가려움증이 사라지면서 마음에 조금씩 평안이 찾아 왔습니다. 그 다음 날 기도원을 내려오면서 울음을 그칠 수가 없었습니다. 우리가 입버릇처럼 말하는 그 하나님의 은혜가 얼마나 크고 놀라운 것인지를 알았기 때문입니다.

이 일을 통해 깨달은 중요한 진실 하나가 있는데, 그것은 우리가 예수님의 이름으로 기도할 때, 하나님이 우리의 그 기도를 들으신다는 것보다 더 귀한 축복은 없다는 것이었습니다.

이런 맥락에서 보면 우리가 전능하신 하나님께 예배를 드릴 수 있다는 것은 그 자체가 축복입니다. 축복 중에서도 가장 귀한 축복입니다. 생각하면 생각할수록 우리에게 허락하신 하나님의 은혜는 크고 놀라운 것입니다. 그러니 예배를 통해 나의 복을 구하기보다 먼저 하나님께 감사와 영광을 담아 예배드리는 것이 훨씬 더 중요한 일입니다. 예배는 날 위해 드리는 것이 아닙니다. 하나님께 나를 드리는 것이 예배입니다.

무엇을 담을 것인가

과거에는 '예배를 어떻게 드려야 되는가?'에 관심이 많았습니다. 그러나 요즘에는 예배의 형태에 대해서는 사람들이 별로 관심을 갖지 않습니다. 왜냐하면 예배의 구성이나 형식보다 중요한 것이 바로 예배의 내용이기 때문입니다.

그럼 예배의 내용은 무엇일까요? 예배의 핵심은 하나님을 향한 감사의 마음입니다. 우리는 예배를 통해 이 감사의 마음을 하나님께 드려야 하고, 하나님은 예배의 자리에서 그런 우리의 마음을 기쁘게 받으시는 것입니다. 이 감사의 마음이 없는 예배는 예배라 할 수 없습니다. 하나의 종교의식일 뿐입니다. 살아있는 예배가 아니라 죽은 예배가 되고 맙니다. 그러기에 그런 예배에서는 아무런 감동도 없고, 기적도 기대할 수 없습니다.

> 노아가 여호와께 제단을 쌓고 모든 정결한 짐승과 모든 정결한 새 중에서 제물을 취하여 번제로 제단에 드렸더니 창8:20

하나님은 노아가 살던 시대에 사람들의 악한 마음으로 인해 마음 아파하셨고, 결국은 물로 심판을 하셨습니다. 그러나 믿음을 지킨 노아와 그 가족은 방주를 만들어 살게 하셨습니다.

성경에 의하면 노아는 1년 17일 동안 방주 속에서 살았습니다. 1년이 넘도록 온 천지는 다 물로 덮여 있었습니다. 하나님의 인도하심으로 노아와 그 가족은 방주 속에 들어갔지만, 세상은 물로 심판을 받아 한 사람도 살아남은 사람이 없었습니다. 노아는 자신의 미래가 어떻게 될지 궁금했을 것입니다. 때로는 걱정도 되었겠지요. 물외에 아무 것도 보이지 않는 망망대해를 1년 동안 떠돌고 있지만, 하나님은 노아라는 존재를 잊어버리신 것처럼 아무 말씀도 하지 않으셨습니다. 노아는 평생 이렇게 물 위에 떠서 살아야 하나 하는 두려운 마음도 들었을 것입니다. 도대체 이 많은 물이 어디로 빠진단 말입니까? 땅을 다시 밟아 볼 수 있을 것이라는 기대를 할 수 없는 상황이었습니다.

그러나 놀랍게도 어느 시점이 되니 물은 빠지기 시작했고, 땅이 드러났습니다. 1년 17일 만에 노아는 다시 땅을 밟게 되었습니다.(창17장) 땅을 다시 밟게 될 것이라고 기대하지 못한 노아가 다시 땅을 밟게 되었을 때의 심정이 어떠했을까요? 이 모든 것이 전적인 하나님의 은혜라는 것을 실감하고 또 실감했을 것입니다. 그래서 노아는 땅에 내리자마자 처음으로 행한 것이 바로 하나님을 향해 제단을 쌓는 일이었습니다. 즉 예배를 드린 것입니다.

이렇게 드려진 노아의 예배에는 감사가 있었고, 감격이 있었습니다. 이 모든 것이 하나님의 전적인 은혜라는 고백이 있었습니다. 이런 마음이 바로 우리가 매 주일 드리는 예배의 내용이 되어야 합니다.

하나님은 지난 한 주간 동안 알게 모르게 우리를 도우셨습니다. 위기 가운데에서 우리 가족을 지켜주셨고, 나를 죽이려 공격하는 모든 것들로부터 나를 지켜 주셨습니다. 너무 안전하게 지켜 주셔서 우리는 아무 일도 없었다고 생각할 때가 많습니다. 그러나 천국에 가서 보면, 매 순간 위기가 우리를 삼키려 할 때마다 하나님이 천사들을 통해 지켜주신 것을 알게 될 것입니다. 그러니 우리는 매 주일 예배를 드릴 때마다 그런 감사와 감격의 마음을 가지고 신령과 진정으로 하나님께 예배해야 합니다.

사랑하는 하나님께

내가 어떤 사람을 사랑하는지 아닌지를 알려면 자신의 행동을 돌아보면 됩니다. 사랑하는 사람이라면 늘 그 사람에게 관심이 있고, 그 사람에 대해 더 알려고 하고, 또 뭔가 내가 가진 것을 주고 싶어집니다. 아무리 입으로 내가 그 사람을 사랑한다고 말해도 별로 그 사람의 일에 대해 관심이 없고, 뭔가를 줄때 아까운 생각이 든다면 그 사람을 사랑하는 것이 아닙니다. 많이 사랑하면 할수록 더 귀한 것을 줘도 아깝지 않습니다. 오히려 그것이 나에게 더 큰 기쁨이 됩니다. 사랑하기 때문입니다.

내가 하나님을 진짜 사랑하는지 확인하고 싶다면 하나님을 향한 자신의 행위를 보면 됩니다. 하나님의 마음에 대해 관심이 있는지, 하나님의 뜻이 이루어지는 것을 볼 때 감격이 있는지, 나는 주님께 내가 가진 무엇을 드리면서 기뻐하고 있는지를 보면 알 수 있습니다. 주님의 몸 된 교회 일에 관심이 없고, 선교와 전도에 관심이 없으며, 구제와 돌보는 일에 관심이 없다면, 내가 하나님을 진정으로 사랑하고 있는 지에 대해 의심해 봐야 합니다.

네 보물 있는 그 곳에는 네 마음도 있느니라 마6:21

우리의 마음이 어디에 가 있는가를 보면 우리가 무엇을 귀하게 여기는지 알 수 있습니다. 주일날 예배 안 드리고 세상의 오락과 즐거움을 찾는 사람에게는 세상이 귀한 것입니다. 세상이 주님보다 더 귀하게 여겨지기 때문에 몸과 마음이 교회보다는 세상으로 가게 되는 것이지요. 반대로 세상의 즐거움 보다 교회에 더 큰 기쁨이 있고, 그래서 주일에 교회에서 예배드리는 것을 최우선 순위로 삼는다면, 그 사람에게 있어서는 주님이 세상 그 무엇보다 귀한 분이라 말할 수 있습니다.

> 너는 모든 정결한 짐승은 암수 일곱씩, 부정한 것은 암수 둘씩을 네게로 데려오며 창7:2

하나님께서 노아에게 부정한 것은 한 쌍씩 방주에 들어가게 하신 반면, 정결한 짐승은 일곱씩을 준비하게 하셨습니다. 왜 그랬을까요? 정결한 것을 더 많이 보존하기 위해서가 아닙니다. 하나님께 드릴 제사를 이어가기 위함이었습니다.

제사에는 반드시 정결한 제물이 필요합니다. 먼저는 정결한 짐승 중에서 정결한 제물을 드릴 수가 있었는데, 정결한 짐승이란 일차적으로는 동물의 종류에 따라 구분이 되었습니다. 예를 들어, 양은 정결한 짐승이지만 돼지는 부정한 짐승으로 분류가 되었습니다. 즉, 양은 정결한 제물로 드려질 수 있지만 돼지는 정결한 짐승으로 드려질 수 없습니다. 그리고 양의 경우에 있어서도 그것이 정결한 제물이 되려면, 흰 양의 경우 약간 누렇거나 검은 털이 두 세가닥만 있어도 그것은 흠 없는 정결한 제물이 될 수 없었습니다. 정결한 제물은 이렇듯 철저해야만 했습니다.

우리가 예배의 자리에 나올 때, 감사의 마음도 이처럼 정결하고 온전한 것이 되어야 합니다. 거기에 또 다른 어떤 의도가 있어서는 안 됩니다. 우리가 하나님 앞에 제물을 드릴 때도 귀하고, 값진 것으로 드려야 합니다. 내가 정성껏 준비한 제물을 하나님이 흠향하시는 것이 예배의 목적이 되어야 합니다. 내가 이 제물을 드림으로 배가의 축복을 기대하는 것은 예배의 본질과 거리가 먼 것입니다.

예배 때에 드리는 헌금의 많고 적음은 제물의 본질이 아닙니다. 분명한건 크든 작든 우리의 정성이 있어야 합니다. 형편에 따라 해야 하지만 최선을 다하는 마음이 있어야 합니다. 예수님께서도 어렵게 사는 과부의 '두 렙돈'(눅21:2)을 귀하게 보셨습니다. 왜냐하면 정성이 담겨 있었기 때문입니다. 예수님은 최선을 다하는 그 마음을 귀하게 보신다는 것입니다. 왜냐하면 그 마음이 바로 예수님을 사랑한다는 증거이기 때문입니다.

> 세월이 지난 후에 가인은 땅의 소산으로 제물을 삼아 여호와께 드렸고 아벨은 자기도 양의 첫 새끼와 그 기름으로 드렸더니 여호와께서 아벨과 그의 제물은 받으셨으나 가인과 그의 제물은 받지 아니하신지라 가인이 몹시 분하여 안색이 변하니 창4:3-5

창세기에 보면 가인과 아벨이 제사를 지냅니다. 그러나 하나님께서는 아벨의 제사는 받으시고 가인의 제사는 받지 않으셨습니다. 이 이야기에서 주는 교훈은 이런 것입니다. 우리가 드리는 예배라고 해서 하나님은 어떤 예배이든 다 받으시는 분이 아니라는 뜻입니다. 때문에 우리가 예배를 드릴 때에는 정성을 다해 믿음으로 드려야 합니다. 예물도 아무런 정성 없이 또 감사함 없이 드린다면 하나님은 그런 예배를 받지 않으십니다.

그러므로 예배를 드릴 때에는 항상 최선을 다하고, 정성을 다해 예물 드리는 자가 지혜로운 사람입니다. 바쁜 시간을 쪼개서 예배를 드렸는데 그 예배를 하나님이 받지 않으셨다고 한다면 억울하지 않습니까? 가인도 그런 억울한 마음 때문에 동생 아벨을 죽였습니다. 자기도 더 열심히 잘하면 될 것을, 그 인색한 마음이 질투심으로 바뀌어서 동생을 죽여 죄를 범하게 된 것입니다.

교회 성도님들 중에 사업적으로 큰 어려움을 당하는 분이 있었습니다. 이 분은 정말 하나님께 많은 것을 드리고 싶은데 지금은 드리려고 해도 드릴 것이 없어서 못 드리는 분입니다. 본인도 너무 속이 상하니 상담을 왔습니다. "목사님, 드리고 싶은데 드릴 것이 없어요. 어쩌면 좋지요?" 아마도 성도님들 중에는 이런 분들이 많이 계실 줄 압니다. 그분에게 어느 목사님으로부터 들은 간증 이야기를 해드렸습니다. 시골 교회 어느 꼽추의 이야기입니다.

옛날 어려웠던 시절에는 등이 굽은 꼽추들이 많이 계셨는데, 시골에서 목회하시던 목사님의 교회에도 그런 교인이 한 분 있었습니다. 이 분은 서커스단에서 공을 던지며 재주를 부리는 사람이었습니다. 그런데 이 분은 주일날이면 항상 제일 뒷자리에서 훌쩍훌쩍 울면서 예배를 드리는데, 서글피 우는 모습 때문에 목사님은 그 분에게 무슨 문제가 있는 줄 알았다고 합니다.

그러던 어느 날, 목사님이 집에 잠깐 들어가셨다가 오후에 교회에 볼일이 있어서 왔더니, 이분이 교회 제단에 누워 공을 던졌다 받았다를 되풀이 하고 있더라는 것입니다. 그 모습을 본 목사님은 화가 났습니다. 그래서 "도대체 거룩한 제단에서 이게 뭐하는 짓입니까?"라며 나무랐답니다. 그러자 이분이 어찌할 바를 몰라 당황하시면서 부끄러운 듯이 울면서 목사님에게 고백을 하더랍니다.

"목사님, 사실은 제가 주님을 정말 사랑하고 은혜를 많이 받는데, 드릴 것이 아무것도 없어서요. 그저 제가 가진 것이라고는 공을 던지고 받는 이 재주밖에 없습니다. 그래서 이것이라도 하나님 앞에 드리고 싶었습니다. 사람들이 보면 창피하니까 사람들이 다 가고 난 오후에 제단에서 이렇게 하고 있었던 겁니다. 용서해 주세요"

목사님이 그 이야기를 듣는데 큰 감동이 되었습니다. "성도님은 언제라도 좋으니 다른 사람 눈치 보지 마시고 성도님 하고 싶은 대로 이 제단에서 하나님께 영광을 돌리세요" 하나님은 이 꼽추의 마음과 행위를 기쁘게 받으셨다고 믿습니다.

> 이것이 곧 적게 심는 자는 적게 거두고 많이 심는 자는 많이 거둔다 하는 말이로다. 각각 그 마음에 정한 대로 할 것이요 인색함으로나 억지로 하지 말지니 하나님은 즐겨 내는 자를 사랑하시느니라
> 고후9:6-7

우리도 주님 앞에 나와서 예배를 드릴 때는 이런 마음이 있어야 합니다. 없으면 모르지만 있으면서도 아까워서 못 드리는 자는 어리석은 사람입니다. 정결한 짐승을 제물로 준비해 주신 분은 노아가 아니라 하나님이셨습니다. 우리가 가진 모든 것도 하나님이 주신 것이지 자신의 것이라고 생각하면 오산입니다. 예배에는 정성으로 준비 된 제물이 필요합니다. 그 제물은 내 자신이 될 수도 있고, 또 우리가 정성껏 준비한 예물일 수도 있고, 또 감사를 담은 우리의 마음일 수도 있습니다. 무엇이 되었든 하나님께서 기뻐 받으시는 것을 드릴 수 있는 그런 성도가 되어야 됩니다.

예배를 드렸을 뿐인데...

> 왕이 선지자 나단에게 이르되 볼지어다 나는 백향목 궁에 살거늘 하나님의 궤는 휘장 가운데에 있도다 삼하7:2

성경에 의하면, 다윗은 위대한 왕입니다. 그런 다윗을 하나님은 대단히 사랑하셨는데, 하나님께서 다윗을 사랑하신 이유는 다윗이 왕이었기 때문이 아니었습니다. 하나님을 향한 다윗의 열정적인 사랑 때문이었습니다.

다윗은 세상의 누구보다도 더 하나님을 간절히 사랑한 사람이었습니다. 다윗은 왕의 지위도 하나님 앞에서는 아무 것도 아닌 것처럼 여겼습니다. 세상 명예나 지위, 돈, 성공 따위가 하나님을 대신할 수 없었습니다. 그러니 자신은 백향목으로 지은 궁에 사는데 비해, 하나님의 언약궤가 자기 왕궁 한쪽 벽 커튼 밑에 놓여 있는 것에 대해 마음 아파했습니다. 하나님은 그런 다윗의 마음을 아셨습니다. 그래서 그런 다윗을 누구보다도 더 사랑하셨고, 더 놀라운 축복을 허락하신 것입니다.

> 그러므로 이제 내 종 다윗에게 이와 같이 말하라 만군의 여호와께서 이와 같이 말씀하시기를 내가 너를 목장 곧 양을 따르는 데에서 데려다가 내 백성 이스라엘의 주권자로 삼고 네가 가는 모든 곳에서 내가 너와 함께 있어 네 모든 원수를 네 앞에서 멸하였은즉 땅에서 위대한 자들의 이름 같이 네 이름을 위대하게 만들어 주리라 내가 또 내 백성 이스라엘을 위하여 한 곳을 정하여 그를 심고 그를 거주하게 하고 다시 옮기지 못하게 하며 악한 종류로 전과 같이 그들을 해하지 못하게 하여 전에 내가 사사에게 명령하여 내 백성 이스라엘을 다스리던 때와 같지 아니하게 하고, 너를 모든 원수에게서 벗어

나 편히 쉬게 하리라 여호와가 또 네게 이르노니 여호와가 너를 위
하여 집을 짓고 네 수한이 차서 네 조상들과 함께 누울 때에 내가 네
몸에서 날 네 씨를 네 뒤에 세워 그의 나라를 견고하게 하리라
삼하7:8-16

지금도 이스라엘의 국기를 보면 큰 별이 있는데, 그 별이 '다윗
의 별' 입니다. 이스라엘 사람들은 다윗 왕 시절의 그 번창했던 나
라 회복을 다시 꿈꾸고 있다는 표식입니다. 또한 다윗의 후손에서
나올 메시아가 성경의 예언처럼 이스라엘을 다시 강력한 나라로
만들어줄 것에 대한 표현이기도 합니다. 이처럼 다윗은 하나님으
로부터도 사랑받은 왕이지만, 모든 백성들로부터도 존경을 한 몸
에 받은 왕이었습니다.

하나님을 너무나 사랑한 다윗은 하나님의 성전을 짓고 싶어 했
습니다. 그러나 하나님은 그런 다윗에게 전쟁으로 말미암아 피를
많이 흘렸으니 아들 솔로몬으로 하여금 성전을 건축하게 하라고
말씀하셨습니다.

다윗이 솔로몬에게 이르되 나는 내 하나님 여호와의 이름을 위하 여
성전을 건축할 마음이 있었으나 여호와의 말씀이 내게 임하여 이르
시되 너는 피를 심히 많이 흘렸고 크게 전쟁하였느니라 네가 내 앞
에서 땅에 피를 많이 흘렸은즉 내 이름을 위하여 성전을 건 축하지
못하리라 보라 한 아들이 네게서 나리니 그는 온순한 사람이라 내가

그로 주변 모든 대적에게서 평온을 얻게 하리라 그의 이름을 솔로
몬이라 하리니 이는 내가 그의 생전에 평안과 안일함 을 이스라엘에
게 줄 것임이니라 그가 내 이름을 위하여 성전을 건 축할지라. 그는
내 아들이 되고 나는 그의 아버지가 되어 그 나라 왕위를 이스라엘
위에 굳게 세워 영원까지 이르게 하리라 하셨나니... 대상22:7-10

다윗은 언제나 하나님의 언약궤와 하나님의 일에 마음이 있었습
니다. 그래서 비록 자신이 성전을 지을 수는 없었지만, 아들 솔로
몬이 성전을 잘 지을 수 있도록 성전건축에 필요한 모든 것들을 다
준비해 놓았습니다. 이런 다윗의 마음은 하나님의 언약궤를 다윗
성으로 모시고 올 때 기뻐 뛰며 춤추는 모습 속에서도 잘 나타나 있
습니다.

어떤 사람이 다윗 왕에게 아뢰어 이르되 여호와께서 하나님의 궤 로
말미암아 오벧에돔의 집과 그의 모든 소유에 복을 주셨다 한지라 다
윗이 가서 하나님의 궤를 기쁨으로 메고 오벧에돔의 집에서 다윗 성
으로 올라갈새 여호와의 궤를 멘 사람들이 여섯 걸음을 가매 다윗
이 소와 살진 송아지로 제사를 드리고 다윗이 여호와 앞에서 힘을
다하여 춤을 추는데 그 때에 다윗이 베 에봇을 입었더라

삼하6:12-14

하나님의 언약궤를 자기의 왕궁으로 모시는 것을 다윗은 기뻐했

습니다. 너무 기쁜 나머지 속옷이 다 보일만큼 춤을 추었습니다. 그러나 왕의 체면은 하나님 앞에서 중요하지 않았습니다. 다윗의 머릿속에는 처음부터 끝까지 하나님만 존재했던 것입니다. 그래서 다윗은 하나님의 언약궤를 다윗 성으로 모셔온 후에 찬양하는 자들을 세워 밤낮 하나님을 예배하게 했습니다. 이렇게 예배한 다윗이기에 하나님은 다윗을 더욱 기뻐하셨던 것입니다.

예배의 중요성을 이야기할 때 빼놓을 수 없는 것이 오벧에돔의 이야기입니다. 하나님의 언약궤가 오벧에돔의 집에 석 달을 머무르게 되는데, 그 석 달 동안 오벧에돔의 집이 얼마나 축복을 받았는지 모릅니다.(삼하6:11) 그래서 오벧에돔은 하나님의 언약궤가 다윗 성으로 옮겨진 후에 자기 아들들을 데리고 가서 성전 문지기가 되기를 자원했습니다. 하나님의 언약궤 옆에 있고 싶었던 것입니다.

보통 사람 같았으면 그동안 축복받은 것을 가지고 필요한 것을 구입해서 편리하게 잘 사용하며 살았을 것입니다. 그러나 오벧에돔은 하나님의 언약궤를 자기의 집에 모시면서 받은 그 은혜와 축복을 잊을 수가 없었던 것입니다.

저는 이 오벧에돔의 말씀을 묵상하면서 '우리도 예배의 자리를 이처럼 간절한 마음으로 잘 지키는 사람이 된다면 얼마나 좋을까...' 하는 생각을 했습니다. 예배의 자리는 정말 귀한 자리입니다.

요즘 보면 속회(감리교 소그룹 모임)나 구역예배를 드릴 때, "우리집에는 오지 마세요. 집도 지저분하고요..." 하면서 "그냥 교회에서 모이면 안 됩니까?"라고 말하는 분들이 많이 있습니다. 그런데 그것은 잘 모르셔서 하는 말씀입니다. 예배를 우리 가정에서 드릴 때 그 가정에 하나님의 은혜가 임합니다. 오벧에돔의 집에 축복이 임한 것처럼 말입니다. 그러기에 될 수 있으면 가정에서 예배를 드리는 것이 정말 중요합니다. 이 영적 축복의 원리를 안다면 속회예배나 구역예배를 드릴 때, 오히려 자원해서 "우리 집에서 드려주세요"라고 요청할 것입니다.

예배드릴 여건이 안 되어 있으면 어떻습니까? 그런 외부적인 여건 때문에 예배를 드릴 수 없다고 말한다면 어리석은 사람입니다. 집이 지저분하면 정리하면 되는 것이고, 대접할 것이 없으면 물마시면 되는 것이지요. 모여서 함께 예배드리고, 서로 손 잡고 기도해보세요. 하나님의 은혜가 그 가정 가운데 부어지는 것을 경험하게 될 것입니다. 예배의 자리에는 항상 하나님의 은혜가 있기 때문입니다.

게다가 예배의 자리에는 우리 상상을 초월하는 은혜가 있는데, 그것을 알지 못하니 자꾸 가정에서 드리는 예배를 회피하려고 합니다. 그 은혜를 알지 못하니 시간 핑계를 대거나 바쁘다는 핑계를 댑니다. 예배를 통해 하나님이 어떤 은혜와 축복을 주실지 알지 못하기 때문입니다.

저희 교회학교에 다니는 한 초등학생의 이야기입니다. 이 아이가 여름에 수영장을 다녀왔는데, 귀에서 물이 차서 염증이 생겼습니다. 시간이 지나면서 진물도 나오고 통증은 점점 심해졌습니다. 약을 먹고 치료를 받아도 낫지 않습니다. 시간이 지날수록 점점 걱정이 커져만 갔습니다.

결국 담당 의사는 수술을 해야 한다고 판단해서 수술 날짜를 잡았습니다. 다음 주 토요일까지 보고 안 나으면 수술을 하겠다고 합니다. 그 당시 아이가 초등학교 3학년이었는데, 금요일 아침이 되니 수술에 대한 두려움이 몰려왔고, 기도해야 되겠다는 생각이 들었습니다. 얼마나 겁이 났던지, "엄마, 오늘 밤에 교회에 기도회 있지요? 같이 가서 기도해요" 하더랍니다.

지금도 저는 그 금요일 저녁 기도회를 생생히 기억하고 있는데, 그날따라 성령의 역사가 뜨겁게 일어나는 것을 느낄 수 있었습니다. 찬양을 부르면서 박수를 치는데 뭔가 매여 있던 것들이 다 풀려지는 것 같았습니다. 예배 후 모든 교인들이 "오늘 목사님 너무 은혜 많이 받았어요"라고 고백하며 서로의 간증을 나누었습니다.

토요일 아침, 이 아이는 엄마와 함께 병원에 갔는데, 의사 선생님이 보시고 고개를 갸우뚱 하더니 아주 흔적도 없이 깨끗이 나았다고 하면서, "어디 다른데 가서 치료를 받으셨나요?" 하더라는 것입니다. 치료를 받아도 이렇게 깨끗이 나을 수는 없다고 말을 하더랍니다. 예배를 드릴 때 하나님이 고치신 것입니다. 이 일이 있고

난 후, 저는 예배에 대해 더 확신을 갖게 되었습니다. 그래서 성도님들 중에 안수기도 받기를 원하는 분이 계시면 먼저 예배를 잘 드리라고 말씀을 드립니다. 예배에 임하는 하나님의 은혜에 대해 확신을 가지고 가르치게 되었고, 그 결과 예배 중에 치유의 역사가 나타나는 것을 종종 경험하게 되었습니다.

40대 초반의 젊은 여자 집사님의 이야기입니다. 그분이 토요일 아침에 저에게 전화를 하셨는데, 지금 얼굴 안면 근육에 마비가 와서 얼굴이 뒤틀렸다는 것입니다. 얼마나 놀랐겠습니까? 걱정스러운 전화를 하셨기에 "집사님, 내일 예배 잘 드리시고, 제 방으로 내려 오셔서 안수기도 받으세요"라고 말씀을 드렸습니다.

주일 예배 후에 이 집사님이 제 방으로 내려오셨는데, 얼굴이 멀쩡해 보였습니다. "집사님, 얼굴이 어디가 안 좋으세요?" 물었더니, 활짝 웃으면서 "목사님, 글쎄 예배드리는 중에 얼굴이 다 풀렸어요" 하는 것입니다.

예배에는 참 놀라운 은혜가 있습니다. 그래서 저는 예배 들어가기 전에 항상 간절히 기도하고 들어갑니다. "하나님 오늘도 이 예배를 통해서 마음에 상처가 있는 사람들은 상처가 회복되게 하시고, 가정의 문제가 있는 분들은 가정의 문제가 해결되게 하시옵소서. 영적으로 매여 있는 분들은 그 속박에서부터 자유하게 되는 역사를 일으켜 주시고, 우리 가정을 자꾸 넘어뜨리려는 악한 영들을 예수님께서 다 물리쳐 주옵소서"

이렇게 기도하는 이유는 예배를 통해 그런 놀라운 역사가 일어난다는 것을 믿기 때문입니다. 그러기에 살면서 아무리 바쁘고 힘든 일이 있어도 신령과 진정으로 예배드리는 그 시간을 아끼지 말아야 합니다. 예배를 제일 우선순위로 삼고 달려 나가는 예배자가될 때, 하나님의 놀라운 은혜가 삶 가운데 넘쳐나는 것을 경험하게 될 것입니다. 언제 어느 곳에 있든지 항상 예배하는 자로 사는 것이 인생을 가장 지혜롭게 사는 비결입니다.

CHAPTER 09

찬양을 좋아하십니까?

CHPTER 09
찬양을 좋아하십니까?

사람들은 흥이 나면 노래를 부릅니다. 특히 한국인들은 예로부터 노래 부르는 것을 좋아합니다. 그래서 한국에는 특이하게 '노래방' 이라는 곳이 있습니다. 어린아이에서 어른에 이르기까지 노래하는 것을 좋아하기 때문입니다.

사람들이 이렇게 노래를 좋아하는 데에는 저마다의 이유가 있습니다. 어떤 사람은 흥에 겨워 노래를 부르기도 하고, 어떤 사람은 답답함을 달래기 위해 노래를 부르기도 합니다. 또 어떤 사람은 누군가를 응원하기 위해 노래 부르고, 어떤 사람은 그저 인생의 희로애락을 노래하기도 합니다.

그런데 이런 세상노래 외에 또 하나의 노래가 있습니다. '찬양' 입니다. 찬양은 세상 노래와 다릅니다. 세상 노래가 인간의 일상생활에서 느끼는 감정을 노래하는 것이라면, 찬양은 하나님을 높여드리고, 하나님의 영광과 은혜를 노래하는 것입니다.

특이한 것은 세상 노래를 부르는 것과 찬양을 부르는 것에 큰 차이가 있다는 점입니다. 똑같은 노래라고 생각하면 안 됩니다. 결과는 엄청 다르기 때문입니다.

우선 세상 노래를 부르다 보면 내가 세속적인 존재로 변해 갑니다. 노래 가사에 담겨 있는 의미가 전달이 될 때, 그 말이 우리를 지배하기 때문입니다. 그래서 슬픔을 담은 노래를 계속 듣다 보면 점점 더 슬퍼지고, 심지어는 자살까지도 하게 됩니다. 자신도 모르게 끌려가는 것입니다. 그런 까닭에 어려서부터 좋은 음악을 듣게 하는 것이 중요합니다. 세상 음악을 듣고 자란 아이들은 커서도 세상 노래만 듣지, 찬송은 지겨워서 못 듣습니다.

게다가 세상 노래는 아무리 불러도 유익이 없습니다. 그러나 찬양은 부르면 부를수록 우리에게 유익이 됩니다. 놀라운 일들이 일어납니다.

하나님께서 우리를 지으신 목적

하나님께서 우리를 지으신 목적이 있습니다. 그 목적은 하나님을 찬송하는 존재가 되도록 하기 위해서 입니다.

> 이 백성은 내가 나를 위하여 지었나니 나를 찬송하게 하려 함이니라
> 사43:21

사람들이 찬송하는 것은 지음 받은 목적대로 살아가는 방법입니다. 그래서 하루 종일 할 수만 있으면 하나님을 찬양해야 하는 것입니다.

이스라엘의 찬송 중에 계시는 주여 주는 거룩하시니이다 시22:3

찬송을 부를 때 기적이 생기고 유익한 일이 일어나는 것은 하나님이 우리 찬송 가운데 거하시기 때문입니다. 그래서 찬송을 많이 부르면 부를수록 놀라운 일을 경험하게 됩니다. 찬송 가운데 거하시는 하나님이 일하시기 때문입니다.

성경에는 찬송과 연관된 내용이 많이 있습니다. 대표적인 인물이 다윗입니다. 다윗은 어려서부터 하나님을 찬양한 사람이었습니다. 어린 목동 시절에도 들에서 양을 돌보면서 하나님을 찬양했습니다. 사울 왕에게 쫓기는 고난의 시기에도 찬양을 많이 불렀고, 나중에 왕이 된 후에도 하나님 찬양하는 것을 가장 즐거워했던 사람입니다. 그런 다윗을 하나님은 사랑하셨고, 존귀한 자가 되게 하셨습니다.

다윗은 하나님의 성전을 짓지 못했습니다. 그래서 성전을 짓기까지 다윗은 하나님의 언약궤를 자기 왕궁의 한쪽 편에 두었습니다. 그렇다고 해서 하나님의 언약궤를 방치해 둔 것은 아닙니다. 늘 찬양하는 사람들을 그 옆에 두어서 하나님의 성호를 노래하게 했습니다. 이것이 성경에서 언급하는 '다윗의 장막' 입니다.

성경에서 소개하고 있는 하나님의 성전은 몇 가지가 있습니다. 첫 성전은 모세가 광야에서 세운 '성막' 입니다. 이 성막의 모형을 따라 지은 것이 '솔로몬의 성전' 이고, 나라가 망하고 성전이 무너진 후 스룹바벨에 의해 건립된 성전이 '스룹바벨 성전' 입니다. 그리고 예수님 당시 헤롯왕이 유대인들의 인기를 끌기 위해 거대한 규모로 건축한 '헤롯성전' 이 있습니다.

이런 성전에 비하면 다윗의 장막은 비교할 수 없을 만한 것이었습니다. 사실 '성전' 이라 말할 수도 없는 것입니다. 그러나 하나님은 마지막 때에 다른 성전을 언급하신 것이 아니라 바로 '다윗의 장막' 을 회복하시겠다고 말씀하셨는데, 우리는 이 점을 기억해야 합니다. 화려한 솔로몬의 성전이 아니었고 거대한 규모의 헤롯 성전도 아니었습니다. 오히려 성전의 형태조차 없었던 다윗의 장막을 회복하시겠다는 것입니다.

왜 그렇게 말씀하셨을까요? 이 말씀을 통해 우리는 하나님이 정말 기뻐하시는 것이 무엇이고, 우리에게 무엇을 원하고 계신지를 발견할 수 있습니다. 하나님은 화려하거나 웅장한 겉모습보다 그 안에 담겨있는 내용을 받기 원하셨다는 것입니다. 다윗의 장막의 특징은 그 안에 하나님을 향한 진정한 경외함과 찬송이 있었습니다. 부르고 싶을 때 부르는 찬양이 아니라 전심을 다해 지속적으로

부르는 찬양이 있었습니다. 하나님을 향한 다윗의 열정적 사랑고
백이 그 안에 있었기 때문에 하나님은 다윗의 장막이 회복되기를
원하셨던 것입니다.

> 이 후에 내가 돌아와서 다윗의 무너진 장막을 다시 지으며 또 그 허
> 물어진 것으로 다시 지어 일으키리니 행15:16

하나님이 다윗의 장막을 회복하시기 원하셨던 것은 그 안에 진
정한 찬양이 살아있었기 때문입니다. 그런 관점에서 오늘날 교회
의 회복을 이야기할 때, 가장 중요한 것은 하나님을 향한 진정한
찬양의 회복에서부터 비롯되어야 한다고 말할 수 있습니다. 우리
개인의 삶도 마찬가지입니다. 우리가 진정으로 하나님을 찬양하기
시작할 때 우리의 삶도 회복됩니다.

무슨 낙으로 삽니까?

제가 저희 교회에 부임해서 교인들과 함께 하루 나들이를 가게
되었습니다. 가는 도중에 성도 중 한 분이 저보고 노래 한곡 불러
달라고 요청을 하셨습니다. 그러면서 "오늘은 찬송가 부르시면 안
돼요" 하셨습니다.

저는 당황이 되었지만 이내 마음을 가다듬고 "제가 이제 이 교회
담임목사로 부임하게 되었는데, 저는 차 안에서 노래 부르는 것 좋

아하지 않습니다. 그리고 하나님을 찬양하는 입술로 세상노래 부르지 맙시다"라고 말했습니다.

그러자 좀 못마땅하다는 표정으로 "세상 노래 좀 부르면 안 되나요?" 하시기에, "하나님은 우리가 온 몸과 정성을 다해 하나님만을 찬양하기를 원하십니다. 한 샘에서 쓴 물과 단물이 같이 나오지 못하지 않습니까? 그런데 우리는 한 입에서 쓴물과 단물을 함께 냅니다. 세상 노래하다가 교회에 와서는 거룩한 노래를 부릅니다. 이것은 옳지 않은 행동입니다"라고 딱 잘라 말해 주었습니다.

이렇게 말한 이유는 세상 노래 자꾸 부르는 것이 영적생활에 별로 좋지 않기 때문입니다. 예를 들어, 오물이 잔뜩 끼어 있는 파이프를 통해서 물을 받으면 먹을 수 없는 더러운 물이 나오는 것과 같은 이치입니다. 그러기에 세상 노래는 할 수 있으면 딱 끊는 것이 좋은 것입니다.

이 일이 있은 후, 저희 교회에서는 버스 타고 여행을 갈 때든지 아니면 다른 어딜 가든 세상노래는 부르지 않습니다. "그러면 무슨 낙으로 삽니까?" 하시는 분이 있을지 모르겠습니다. 그런데 사실은 찬양을 부르면 더 큰 재미가 있습니다. 은혜도 넘칩니다. 나도 모르는 사이에 우리 가정을 묶고 있던 어둠의 권세들도 물러갑니다. 해결되지 않던 문제들이 해결되기도 합니다. 우리가 하나님을 진정으로 찬양할 때 세상이 주지 못하는 기쁨과 낙이 넘치는 것을 경험하게 됩니다.

풀리는 문제들

때로 우리의 인생은 얽혀버린 실타래처럼 복잡하게 꼬여 있을 때가 종종 있습니다. 아무리 애를 써도 풀리지 않는 문제가 있습니다. 오히려 풀어 보려고 애를 쓰다가 더 꼬이는 경우도 많이 있습니다. 이럴 때 문제를 해결하는 가장 좋은 방법이 찬양입니다. 우리가 찬양 부를 때 하나님이 역사하시기 때문입니다.

> 그 후에 모압 자손과 암몬 자손들이 마온 사람들과 함께 와서 여호사밧을 치고자 한지라. 어떤 사람이 와서 여호사밧에게 전하여 이르되 큰 무리가 바다 저쪽 아람에서 왕을 치러오는데 이제 하사손다말 곧 엔게디에 있나이다 하니 여호사밧이 두려워하여 여호와게로 낯을 향하여 간구하고 온 유다 백성에게 금식하라 공포하매 유다 사람이 여호와께 도우심을 구하려 하여 유다 모든 성읍에서 모여와서 여호와께 간구하더라 대하20:1-3

이스라엘은 솔로몬의 아들 르호보암 왕 이후, 북이스라엘과 남유다로 나누어지게 되는데, 남쪽 유다를 통치하던 여러 명의 왕 중에 '여호사밧'이라는 왕이 있었습니다. 여호사밧이 유다 왕국을 통치하던 어느 날 암몬 족속과 모압 족속들, 그리고 마온 사람들이 연합하여 왕을 치러 오게 되었고, 이 소식을 들은 여호사밧은 이내 두려움 속에 빠지게 되었습니다. 그리고 여호와 하나님을 향해 기도하기 시작했습니다. 자신도 기도하지만 온 유다 족속들에게 금식하며 기도하라고 요청을 합니다. 위기를 만나게 되니 온 백성이 합심하여 기도하게 된 것입니다. 그러자 하나님은 '야하시엘'이라는 사람을 통하여 예언의 말씀을 주셨습니다.

> 여호와의 영이 회중 가운데에서 레위 사람 야하시엘에게 임하셨으니 그는 아삽 자손 맛다냐의 현손이요 여이엘의 증손이요 브니야의 손자요 스가랴의 아들이더라 야하시엘이 이르되 온 유다와 예루살렘 주민과 여호사밧 왕이여 들을지어다 여호와께서 이같이 너희에게 말씀하시기를 너희는 이 큰 무리로 말미암아 두려워하거나 놀라지 말라 이 전쟁은 너희에게 속한 것이 아니요 하나님께 속한 것이니라 대하20:14-15

야하시엘은 레위사람입니다. 레위 사람은 하나님께서 특별히 구별하여 세운 지파이기 때문에, 하나님은 레위 사람에게 제사장 직분을 주시고 때로는 예언의 말씀도 주셨습니다. 여호사밧 왕의 경우에도 하나님은 레위사람인 야하시엘에게 "전쟁은 하나님께 속한 것이니 두려워하지도 말고 놀라지도 말라"는 말씀을 주신 것입니다. 그리고 "맞서 나가라"고 하셨습니다.

> 이 전쟁에는 너희가 싸울 것이 없나니 대열을 이루고 서서 너희와 함께 한 여호와가 구원하는 것을 보라 유다와 예루살렘아 너희는 두려워하지 말며 놀라지 말고 내일 그들을 맞서 나가라 여호와가 너희

와 함께 하리라 하셨느니라 하매 대하20:17

위기에 처한 여호사밧에게 주신 놀라운 메시지가 아닐 수 없습
니다. 기도에 대한 하나님의 분명한 응답이었던 것입니다. 이 말씀
에 여호사밧은 믿음으로 응답했습니다. 하나님께서 도우실 것이라
는 사실을 확신했습니다. 그래서 여호사밧은 군대를 준비하기 이
전에 믿음으로 성가대를 조직합니다.

> 백성과 더불어 의논하고 노래하는 자들을 택하여 거룩한 예복을 입
> 히고 군대 앞에서 행진하며 여호와를 찬송하여 이르기를 여호와께
> 감사하세 그의 인자하심이 영원 하도다 하게 하였더니 대하20:21

전쟁을 목전에 둔 여호사밧 왕은 성가대를 조직하고 사람들에게
성가대 가운을 입혔습니다. 그리고 군대 앞에서 행진하게 했습니
다. 전쟁을 하면 대개의 경우 군대가 앞서서 나가야 합니다. 그런
데 여호사밧은 성가대를 조직하여 군대 앞에 세워 놓고, 군대로 하
여금 성가대 뒤를 따르게 한 것입니다. 놀라운 믿음의 행위가 아닐
수 없습니다. 그러자 하나님은 그런 여호사밧의 믿음의 행위에 따
라 놀라운 일을 행하셨습니다.

> 그 노래와 찬송이 시작될 때에 여호와께서 복병을 두어 유다를 치러
> 온 암몬 자손과 모압과 세일 산 주민들을 치게 하시므로 그들이 패

찬양이 시작되자 하나님의 역사가 일어난 것입니다. 어디서 나타났는지 복병이 나타나서 유다의 군사들을 대신하여 싸운 것입니다. 그리고 여호사밧의 군대에게 승리를 안겨 주었습니다. 이것이 찬송의 능력입니다.

우리는 매 주일 교회에서 예배시간에 찬송을 부릅니다. 이때 형식적으로 부를 것이 아니라, 그 찬송 속에 담긴 가사를 믿음의 고백으로 올려 드려야 합니다. 살아있는 찬양, 내 믿음의 고백이 담긴 찬양을 드릴 때, 하나님의 역사는 시작됩니다.

직장에 다니는 한 청년이 있었습니다. 직장에서 기독교인이라고 하니 선배들이 와서 힘들게 한다는 겁니다. 그래서 제가 그 청년에게 우리가 잘 아는 찬양 하나를 소개하면서 직장에서도 그 찬양을 부르라고 했습니다. 가사를 보면 "주를 찬양, 손을 들고 찬양, 전쟁은 하나님께 속한 것이니…"라는 가사의 찬양입니다. 그랬더니 이 청년은 괴롭고 힘들 때 이 찬양을 부르기 시작했습니다. 화장실에서도 부르고 때로는 옥상에 올라가서도 불렀습니다.

그러던 어느 날, 자기를 괴롭히던 선배들이 자기를 좀 보자고 하더랍니다. 또 싫은 소리를 할 줄 알았는데 머뭇거리면서 그동안 미안했노라고 사과를 하더랍니다. 자기들도 사실은 교회를 다닌다고 하면서 그 동안 괴롭힌 것에 대해 정중하게 용서를 구하더라는 것입니다. 그리고 그 후로는 이 청년을 존귀하게 여겨 주었다고 합니다. 찬양은 때로 환경도 변화시킵니다. 이것이 바로 찬양 속에 담겨 있는 신비입니다.

저는 교회에서 주일 예배 찬송을 결정할 때 항상 가사를 보고 결정을 합니다. '멀리 멀리 갔더니 처량하고 곤하며, 슬프고도 외로워...' 와 같은 가사의 찬송은 부르지 않습니다. 물론 이 찬송에 은혜를 받는 분이 많이 있습니다. 그래서 기도원 같은 곳에서는 이 찬송을 많이 부르기도 합니다. 그러나 저희 교회에서 회중예배를 드릴 때에는 이런 가사보다는 힘이 있고, 하나님을 영화롭게 하는 찬양을 부릅니다. 하나님의 승리에 대한 찬양을 믿음으로 부를 때 하나님의 역사가 시작되는 것을 알기 때문입니다. 여호사밧 왕의 전쟁때, 이스라엘 백성들은 그렇게 찬송함으로 손 하나 까딱하지 않고, 암몬과 모압 족속 그리고 세일산 사람들을 이길 수 있었습니다.

하나님이 야하시엘을 통해 주신 예언의 말씀은 정확히 이루어졌습니다. 우리의 인생도 전쟁과 같다는 말을 많이 합니다. 그렇다면 여호사밧의 믿음이 우리에게 있어야 합니다. 그리고 그 믿음을 찬양에 담아 노래해야 합니다. 이 전쟁은 우리에게 속한 것이 아니기 때문입니다.

"하나님, 내 삶은 내가 사는 것이 아니고 하나님께 속한 것입니다"라고 고백하며 찬양할 때, 하나님의 역사는 시작됩니다. 우리는 영적인 세계에서 일어나는 일을 보지 못합니다. 그래서 찬양을 부를 때에도 아무 일도 일어나지 않는 것처럼 보입니다. 그러나 실제로는 우리가 찬양을 부를 때 하나님의 손길이 우리를 붙잡으시고, 천군 천사를 통해 당신의 뜻을 이루기 시작하십니다. 이 사실을 믿고 찬양해야 합니다. 우리 눈에 보이는 것이 전부가 아닙니다.

> 그가 찔림은 우리의 허물 때문이요 그가 상함은 우리의 죄악 때문이라 그가 징계를 받으므로 우리는 평화를 누리고 그가 채찍에 맞으므로 우리는 나음을 받았도다 사53:5

이 말씀은 십자가 위에서 죽임 당하실 예수님에 대해 이사야 선지자가 예언한 말씀입니다. 예수님의 십자가 사건은 2천 년 전에 일어난 일입니다. 그러나 이사야 선지자의 예언은 그 훨씬 이전에 있었던 말씀입니다.

그런데 놀라운 것은 수천 년 전에 선포된 이 말씀은 현재에도 여전히 유효한 것을 경험하게 된다는 점입니다. 정말 예수님의 이름으로 기도할 때 질병이 치유됩니다. 우리의 믿음은 시간과 공간을 초월하는 것입니다. 우리의 일상은 과거와 현재, 미래로 구분이 되지만 믿음의 세계는 그런 구분이 없습니다. 이사야 53장 5절의 말씀에도 '그가 채찍에 맞으므로 우리가 나음을 받았다'고 말하고 있습니다. '받을 것이다'가 아니라 '받았다'라고 말합니다. 현실세계에서는 말이 안되지만 믿음의 세계에서는 말이 되는 말입니다. 실제로 그렇게 믿을 때 그런 기적이 일어나기 때문입니다.

그러므로 나에게 문제가 있을 때, 이미 예수님께서 해결해 주셨다는 것을 믿음으로 자꾸 선포해야 합니다. 찬양은 바로 그런 선포입니다. 하나님이 하신 일을 선포하는 것이고 또 승리를 선포하는 행위입니다.

우리가 찬양할 때 하나님은 일하십니다. 이 사실을 분명히 확신해야 합니다. 그러기에 쉬지 말고 하나님을 찬양해야 합니다. 그러면 하나님께서 도우시고 인도하시는 놀라운 역사가 우리 삶을 가득 채울 것입니다.

예기치 못한 기적

찬송을 부를 때 때로는 우리가 예상하지 못한 기적이 일어나기도 합니다. 세상 노래는 아무리 열심히 불러도 기적이 일어나지 않습니다. 그러나 찬양을 부르면 뭔가가 달라집니다. 찬양이 세상 노래와 다른 점이 바로 이것입니다.

사도행전 16장을 보면, 점치는 귀신이 들린 여종이 사도 바울을 자꾸 괴롭게 하니 사도 바울이 그 여종에게서 귀신을 쫓아냅니다.

그러자 여종은 더 이상 점을 칠 수가 없게 되었고, 그로 인해 그 여종의 주인은 더 이상 여종을 통해 돈을 벌 수가 없게 되었습니다. 화가 난 주인은 사도 바울을 고소해서 감옥에 갇히게 만듭니다. 사도 바울로서는 억울한 일이 아닐 수 없습니다. 그러나 바울은 억울하게 갇혔지만 원망하거나 불평하지 않았고, 오히려 고요한 가운데 하나님께 기도하고 찬송하였습니다.

> 한밤중에 바울과 실라가 기도하고 하나님을 찬송하매 죄수들이 듣더라 이에 갑자기 큰 지진이 나서 옥터가 움직이고 문이 곧 다 열리며 모든 사람의 매인 것이 다 벗어진지라 행16:25-26

사도 바울은 감옥에서 하나님의 은혜를 생각하며 찬양을 불렀습니다. 특별히 이 감옥에서 풀려나게 해달라고 기도한 것이 아니었습니다. 조용히 하나님을 향해 찬양했을 뿐이었지만, 갑자기 지진이 나면서 옥터가 움직이고 문이 열리며, 매인 것이 다 풀어진 것입니다. 찬양을 했더니 옥문이 활짝 열렸습니다. 이것이 찬양의 힘입니다. 찬양을 부를 때 하나님은 당신의 영광을 나타내시기 때문입니다.

> 주의 대적으로 말미암아 어린 아이들과 젖먹이들의 입으로 권능을 세우심이여 이는 원수들과 보복자들을 잠잠하게 하려 하심이니이다 시8:2

예수님은 이 시편의 말씀을 인용하시면서 찬양의 능력을 제자들에게 가르치셨습니다.

예수께 말하되 그들이 하는 말을 듣느냐 예수께서 이르시되 그렇다 어린 아기와 젖먹이들의 입에서 나오는 찬미를 온전하게 하셨나이다함을 너희가 읽어 본 일이 없느냐 하시고 마21:16

예수님께서는 "어린 아이들과 젖먹이들의 입으로 권능을 세우심이여"라는 시편의 말씀을 '찬미' 즉 '찬양'으로 바꾸어 말씀하고 계십니다. 즉, 어린아이와 젖먹이의 찬양이라 할지라도 원수들과 보복자들의 모든 권세를 잠잠하게 만들어버릴 만큼, 강력한 힘이 있다는 것입니다. 어린 아이들의 찬양으로도 원수들은 무기력해집니다.

오늘도 원수 마귀는 우리를 넘어뜨리려고 얼마나 애를 쓰는지 모릅니다. 가정과 자녀들을 넘어뜨리기 위해 여러 가지 방법으로 공격을 합니다. 하는 일마다 안 되게 해서 낙심하게 만듭니다. 예수 그리스도를 믿어도 잘되는 것이 없다고 생각하게 만들고, 그래서 교회를 떠나게 합니다. 사소한 일에도 절망하게 하고, 두려운 환경을 통해 자살을 하게 만들기도 합니다. 이 모든 환경은 악한 영에 의해 조성되는 경우가 많습니다.

그러나 이런 위기의 상황 속에서 우리가 하나님을 찬송하고, 하나님의 이름을 높여 드릴 때 하나님은 우리 가운데 임재 하셔서 우리를 둘러싸고 있는 모든 어둠의 권세를 물리치시고 원수들의 궤계를 잠잠하게 만들어 버리시는 것입니다.

성도님들 중에 가끔 저에게 기도를 받으러 오시는 분들이 있습니다. 저는 그 분들을 뵐 때마다 이렇게 말합니다. "기도는 해드리지만, 제 기도보다는 본인이 온 마음을 다해 하나님 앞에 예배하고 찬송할 때 기적의 역사가 일어납니다"

예배 때에 어떤 분들은 설교만 듣고 가시는 분들이 있습니다. 축복의 시간은 예배시간의 첫 순간부터 시작됩니다. 물론 말씀을 통해서도 기적이 나타납니다. 그러나 말씀을 듣는 시간은 내가 믿음으로 깨닫는 시간입니다.

어떤 면에서는 더 중요한 것이 찬송이라 말할 수 있습니다. 회중이 연합해서 찬송할 때 더 강력한 하나님의 임재하심이 나타나기 때문입니다. 여리고 성을 무너뜨릴 때도 그랬습니다. 열세 바퀴를 다 돌고 난 다음에 사람들이 함성을 질렀습니다. 저는 그 함성을 일종의 '찬양'이라고 말하고 싶습니다. '와' 하는 소리에 특별한 내용은 없었지만, 이스라엘 온 백성이 한 마음이 되어 하나님의 영광이 나타나기를 외친 것입니다. 그리고 그 함성에 여리고성은 무너져 내렸습니다.

설암 환자가 있었습니다. 혀를 잘라내는 수술을 해야 하는데 수

술 받기 전에 마지막으로 찬송을 부르고 싶다는 것입니다. 수술을 한 후에는 다시 입으로 소리를 내어 찬송 할 수가 없기 때문입니다. 이 이야기를 들을 때 큰 감동이 되었습니다. 또 찬송을 그렇게 소중한 것으로 생각하지 못한 것에 대해서 회개하게 되었습니다.

우리가 마음껏 찬송할 수 있다는 것이 얼마나 큰 축복인지 알아야 합니다. 살다보면 때로는 낙심이 되어 기도하지 못할 때가 있습니다. 깊은 절망 속에서 고통이 밀려 올 때는 기도도 안 나옵니다. 눈물만 나옵니다. 그럴 때는 찬송을 불러야 합니다. 잘 부르지 못하고 또 음이 조금 안 맞아도 괜찮습니다. 하나님의 도우심을 바라면서 부르면 됩니다. 그러면 신기하게도 마음에 평안이 임하고, 위기를 극복할 수 있는 힘이 생기는 것을 경험할 수 있습니다. 하나님께서 내 삶을 이끌어 가신다는 확신이 생깁니다. 믿음의 사람들은 위기의 순간을 그렇게 이겨 나갑니다. 찬송을 많이 부르는 것이 우리에게 큰 유익이 된다는 사실을 분명히 기억하고 있어야 합니다.

구원의 역사가 일어나는 찬양

하나님은 영혼을 구원하기 위해 당신의 생명까지도 기꺼이 내어 주셨습니다. 이는 하나님이 영혼 구원을 얼마나 중요하게 생각하시는지를 보여주는 증거입니다. 당신의 생명을 주실 만큼 우리 영혼을 귀하게 여기셨기에 하나님의 관심은 언제나 영혼구원에 있습니다. 첫째 관심도 영혼구원이고 둘째, 셋째 관심도 영혼구원입니다. 때로 하나님이 우리에게 기적을 보여주시는 것도 영혼을 구원하기 위함일 때가 많습니다.

바울과 실라가 빌립보 감옥에 갇혔던 이야기도 결론은 손과 발을 묶은 차꼬가 저절로 풀어지고 옥문이 기적적으로 열렸다는 것으로 끝나지 않습니다. 이 이야기의 결론은 감옥을 지키던 간수와 그 가족의 구원이야기로 끝이 납니다.

즉, 빌립보 감옥을 지키던 간수가 자다가 깨어 보니 옥문은 열려 있고, 죄수들은 보이지 않으니 모두 도망간 줄 알았습니다. 나중에 문책 받을 것이 두려워 칼을 빼어 자결하려 합니다. 그러자 그 모습을 본 바울이 소리를 지르며 자살하지 못하게 합니다. 이런 상황이 되자 간수는 등불을 들고 바울과 실라 앞에 엎드립니다. 그리고 어떻게 해야 구원을 받을 수 있는지를 묻습니다. 이에 바울과 실라는 예수님을 소개하며 그 간수로 하여금 구원을 받을 수 있도록 도와주었던 것입니다.

이 전체의 과정을 가만히 보면, 점치는 귀신들린 여종에게서 귀신을 쫓아낸 일이나, 그 일로 인해 바울과 실라가 감옥에 갇히게 된 모든 일이 간수와 그 집을 구원하기 위한 하나님의 계획의 일부였다는 것입니다. 하나님의 인도하심은 항상 섬세하며 한 치의 오차도 없습니다. 타이밍도 너무 정확합니다. 만약 간수가 자살하려고 할 때 바울과 실라가 보지 못했다면 어떻게 됐을까요? 정확한 때에 하나님은 바울과 실라로 하여금 간수를 보게 했고, 자살행위를 멈추게 했던 것입니다.

가정을 심방하다 보면, 가족 중에 예수님을 믿지 않는 가족이 있어 안타까워하는 가정들이 많이 있습니다. 사랑하는 남편이 교회에 안 다니고, 또 내 생명을 줘도 아깝지 않은 우리 자녀들이 예수님을 믿지 않고 교회를 안 나갑니다. 이것보다 답답한 일이 어디 있겠습니까?

이런 문제를 해결하는 방법 중 하나가 '찬양'입니다. 왜냐하면 찬양은 구원이라는 결론에 도달하게 하는 하나님의 은혜의 수단이기 때문입니다. 찬양을 많이 하면, 언제가 될지 모르지만 우리 가정이 다 구원받는 축복이 일어납니다.

그런데 문제는 찬양을 많이 부르고 싶어도 아는 찬양이 없다고 고백하는 성도님들이 많다는 것입니다. 제가 그런 분들을 많이 만납니다. 희한하게도 교회에서는 찬양을 많이 부르는데, 나와서 찬양하려고 하면 생각나는 찬양이 없다는 겁니다. 뭘 불러야 될지 모르겠다고 합니다. 그러면 저는 앞으로 평소에 잘 부를 수 있는 찬양곡을 하나 준비해 두라고 권면합니다. 내가 평생 붙들고 갈 찬송가 한 곡을 만들어 두라는 것입니다.

세상 노래를 부르라고 하면 18번이 있고, 19번이 있고 그 외에 많은 노래들이 줄줄이 알사탕처럼 엮어져 나옵니다. 그런데 정작 찬양을 하라고 하면 꿀 먹은 벙어리가 됩니다. 1절이라도 제대로 알고 부르는 찬송이 거의 없습니다. 부끄러운 일입니다. 찬송가를 부를 때는 멜로디만 알아서 콧노래로 흥얼흥얼 하지 말고, 가사를 정확히 알고, 또 가사처럼 될 것을 믿고 불러야 합니다. 지금 부르는 가사가 하나님의 보좌를 향해 올라가는 것을 믿으며 찬양해야 합니다.

다윗의 찬양에 능력이 있었던 이유가 바로 여기에 있습니다. 사울 왕이 악신에 들려 고생을 할 때, 왜 다른 사람이 아닌 다윗의 찬양에 능력이 나타난 것일까요? 다윗은 하나님이 기뻐하시는 믿음의 찬양을 올려 드렸기 때문입니다. 그 증거는 다윗이 하나님의 언약궤를 자기 왕궁으로 모셔올 때의 모습을 보면 알 수 있습니다. 왕의 신분을 가지고 있었음에도 기쁨을 이기지 못해 속옷이 다 들여다보일 정도로 펄쩍펄쩍 뛰었습니다. 그 모습을 본 다윗의 아내는 비웃습니다. 왕의 체통으로는 그럴 수 없다는 것입니다. 그러자 다윗은 이렇게 말합니다.

다윗이 미갈에게 이르되 이는 여호와 앞에서 한 것이니라 그가 네 아버지와 그의 온 집을 버리시고 나를 택하사 나를 여호와의 백성 이스라엘의 주권자로 삼으셨으니 내가 여호와 앞에서 뛰놀리라
삼하 6:21

찬양을 부를 수 있다는 것은 그 자체가 축복입니다. 또 우리가 찬양을 부를 때 그것은 단지 찬양으로만 끝나지 않습니다. 찬양은 놀라운 기적이 일어나게 만드는 출발점입니다. 그러기에 어디에 있든지 찬양을 많이 불러야 합니다. 가정에서 찬양을 부르면 가정이 변화될 것이고, 직장에서 찬양을 부르면 직장이 변화될 것입니다. 우리가 찬양을 부를 때 하나님은 일하시기 때문입니다.

에필로그

모든 것이 다 하나님 은혜입니다

비행기를 타고 하늘 높이 올라가면 땅에 있는 집은 거의 티끌 같아 보입니다. 사람은 말할 것도 없습니다. 먼지에 불과한 것처럼 보입니다. 반면에 하나님은 우주보다 크신 하나님이십니다. 사람의 머리로는 헤아릴 수 없는 광활한 우주를 창조하신 분이시기 때문입니다. 그런데 이 놀라운 창조보다 더 놀라운 것은, 우주보다 크신 하나님이 먼지보다 작은 우리 인간 속에 임재 하신다는 것입니다.

아마도 누군가가 작은 유리컵에 바닷물을 다 담을 수 있겠느냐고 묻는다면, 모든 사람이 다 불가능한 일이라고 말할 것입니다. 그렇다면 우주보다 크신 하나님이 보잘 것 없는 우리 안에 거하신다는 것은 있을 수도 없는 일입니다. 그러나 하나님은 실제로 우리 안에 거하십니다. 그래서 예수님을 믿는다는 것은 그 자체가 기적입니다.

이 사실을 깨닫고 난 후 믿음의 세계가 눈앞에 펼쳐지기 시작했습니다. 말 그대로 모든 것이 신비요 모든 것이 기적이었습니다. 이 부족한 사람이 골방에서 작은 신음소리로 기도할 때 하나님이 들으신다는 것이 기적이고, 맞지 않는 음정으로 하나님의 영광을 찬양할 때도 그 찬양 가운데 하나님이 임재 하신다는 것 역시 말로 설명할 수 없는 신비였습니다. 약속의 말씀을 의지해서 명령하니 악한 영이 떠나가고, 교회가 한 마음으로 합심해서 기도하니 죽을 수밖에 없던 아이가 살아났습니다. 이 모든 일이 다 신기하고도 놀라운 기적이었습니다.

그러고 보면, 하나님을 알고 하나님의 은혜 속에 산다는 것은 세상 무엇과도 비교할 수 없는 축복입니다. 모든 것이 다 가슴 벅찬 감격과 기적이기 때문입니다. 아무리 생각을 해도 이 모든 것을 가진 교회가 도대체 세상에서 패배할 이유가 없습니다. 그러기에 저는 '교회가 어떻게 하면 세상에서 승리할까?'를 생각하기보다 '교회가 어떻게 했기에 세상에서 질 수가 있는가?'를 생각해 보았습니다. 믿음의 관점에서 보면 이기는 것보다 지는 것이 더 어려운 일이기 때문입니다.

이 문제에 대해 고민한 지 얼마 안 되어 답을 알게 되었습니다. 도저히 가나안 땅에는 들어갈 수가 없다고 주장하면서 조목조목 안 되는 이유를 조리 있게 설명한 열 명의 정탐꾼의 말 속에서 그

답을 보았고, 자기의 생각 때문에 모세를 대적하다가 망한 고라의 모습 속에서, 그리고 자신들의 생각이 만들어 낸 정치적 메시아 때문에 정작 메시아로 오신 예수님을 십자가에 못 박아 죽인 유대인들의 모습 속에서 답을 발견하였습니다. 인간의 생각이 하나님의 뜻이나 계획 보다 우선해서는 안 되는 것이었습니다.

반면에 아무리 불가능해 보이는 상황일지라도 하나님의 뜻에 그저 묵묵히 순종하면 기적이 일어났습니다. 하나님 때문에 사람들의 조롱 속에서도 홍해 앞에 묵묵히 서 있었던 모세, 그 모세 때문에 홍해는 갈라졌습니다. 말도 안 되는 일이지만, 하나님 때문에 여리고 성을 계속 돌았던 이스라엘 군대 때문에 난공불락의 성 여리고는 무너졌습니다.

오늘날 교회가 하늘로부터 주어진 권세를 다시 얻고 세상을 이기기 위해서는 먼저 우리의 생각을 내려 놓아야 합니다. 그리고 하나님의 뜻에 순종함으로 하나님이 일하시게 해야 합니다. 하나님의 다스리심이 교회를 이끌어 가게 해야 합니다. 하나님의 영광이 교회 가운데 충만케 해야 합니다. 우리가 죽음으로 교회가 다시 살게 해야 합니다.

부족한 글을 책으로 출판하게 된 것이 너무나도 송구합니다. 3년 전 민상기 사장님의 권유가 여러 차례 있었지만, 책 홍수 시대에 또 하나의 책을 만들어 내는 것이 여러모로 미안하다는 생각을 하게 되어 거절을 했습니다.

그런데 얼마 전에 다시 연락을 하셔서 "이제 원고 정리 다하셨나요?"라고 물으시는데, 저도 모르게 "아니요, 아직 정리가 되지 않았어요"라고 답을 해 버렸습니다. '분명히 3년 전에 거절을 한 것 같은데...' 라는 생각과 동시에 '어쩜, 이것이 하나님의 뜻인가? 그래, 하나님이 나에게 베푸신 은혜가 큰데, 그것을 필요로 하는 사람들과 나누는 것도 나쁘지 않을 것 같다' 는 생각을 하게 되었습니다.

부랴부랴 탈고를 마치면서 제 마음 속에 남는 한 가지는 '모든 것이 다 하나님의 은혜입니다' 라는 사도 바울의 고백입니다. 그래서 프롤로그에서와 같이 여기서도 같은 말로 글을 맺고자 합니다. "다시 한 번 살아계신 하나님께 모든 감사와 영광을 올려 드립니다"

박 동 찬